内山完造

魔都上海

亲历中国丛书

Uchiyama Kanzo

1913

上海辞书出版社

“亲历中国丛书”总序

千年以来，中国一直吸引着全球关注的目光。作为闻名于世的礼仪之邦，自古就以“有朋自远方来，不亦乐乎”的包容心态，接纳过无数来自世界各地的朋友。无论是千年前的零星游客，还是百年来的传教士、学者或者大师，他们先后见证了中国古代的辉煌、近代的落寞和当代的崛起。他们经历了从好奇、探究、兴奋、赞叹，到幻灭、深思的心路历程，最后形成了专业的海外中国学。不知不觉中，这些亲临中国的朋友本身也融入了中国历史的长河。

从五四时代起，有一批文化名人不远万里，亲临中国，足迹遍及大江南北。他们通过讲演、谈话和著述，带来新学说，传播新思想和新观念，让我们不但有幸目睹他们的风采，从而进一步激起了中国人与世界沟通的愿望，并开始思索中国的发展道路。这些来华的文化名人中有美国的杜威，英国的罗素、萧伯纳，印度的泰戈尔，法国的萨特……他们是大师，是世界名人，更是中国人民的朋友。他们多年来关注中国的思想文化的发展，关注中国的历史命运。在我们彷徨不定的时候，他们为我们指点前程；在我们遭受异族侵凌的时候，他们为我们呐喊奔走；在我们取得成绩的时候，他们为我们欣喜鼓掌。他们的到来，本身就是一种热潮、一种力量。他们的每一次来访，都曾在中国产生很大的影响，成为当时的重大文化现象。他们坚定的目光、自信的话语、超人的学识，曾经感动过中国的文化名流，也曾激励过中国一代又一代的热血青年。

是的，他们与中国密不可分。或许他们的观点并不能让所有人接受，但历史会记住他们的真诚。

我们收录这些大师的讲演、著述和谈话，记录他们在华活动的行迹，选录当时及之后的种种评论，试图以此重构这些历史画面。我们愿以此来纪念这些文化名人，以进一步推动中国与世界的文化交流，这就是我们编辑这套“亲历中国丛书”的目的和意义所在。

亲历中国丛书编委会

2014年6月

目录

序　内山完造与中国的情缘

在20世纪亲临中国的大家之中，按来华时间顺序，内山完造是第一位：他首次来华时间是1913年。

或许有人会说，内山完造并不是某个方面的大家。的确，他不像杜威、罗素，也不像泰戈尔、萧伯纳、萨特和西蒙·波伏娃，不能被称为哲学家或文学家；同时，内山完造也没有在中国做过轰动一个时代的讲演，更没有在中国社会引发过多大的争论。

没有人生来是英雄。同样，也没有人生来是大家。

我们来简要回顾一下内山完造的生平：内山完造（1885—1959，自起汉名邬其山），日本冈山县人。文化程度不高，只念过四年小学，便因家境贫寒而中途辍学。为了维持生计，少年时代即赴大阪，到一家洋纱店当学徒。1912年他27岁时，因信奉基督教而加入京都教会。在教会的帮助下，他开始在日本参天堂药房做店员。1913年，参天堂由于业务发展需要，征派店员去上海，因此，内山完造得以来到上海。此时，他的唯一工作是推销员，为参天堂推销“大学眼药”，在上海及长江沿岸地区走街串巷……

且慢，让我们暂时就此打住。至此，我们还看不出内山完造有任何成为“大家”的迹象。参天堂当时的药品推销员，恐怕不会只有内山完造一人。按一般人的事业发展，多年辛勤工作之后，无非是得以（或许未能）担任类似“销售课长”之类的职务，最终荣归故里，安享晚年。如果他的儿孙有兴趣，他可以对他们讲一些中国见闻。但这不是内山完造。让我们接着看他的生平：

1917年，内山完造结婚一年多之后，在上海北四川路魏盛里开设了一家书店，名为内山书店。虽然当时上海只有三家日本人开的书店，但这也绝对称不上什么惊天动地的事业。况且，书店的经营情况也不好，只卖日文书和一些德文书，平时靠妻子井上美喜子和中国店员王宝良，每天平均只能卖出十来本书。内山完造平时还是忙于做推销员，只有周末才得以在店里。这样，内山书店惨淡经营了10年。

1927年10月5日，星期三。这个原本并不特别的日子，由于鲁迅第一次出现在内山书店，而被载入中国文学的史册。

鲁迅是1927年10月3日从广州到上海的，当时暂住在共和旅馆。10月5日这一天，内山本人不在店内，中国店员王宝良注意到了这位不同寻常的顾客，因为鲁迅一次所买的书，已经超过书店一天的营业额。对此，王宝良后来口述了一篇回忆文章《鲁迅先生与内山书店》。

鲁迅第二次去内山书店，是10月8日下午。这时，他已经移居到了东横浜路景云里23号。这一天是星期六，内山完造恰好在店里。他们两人的友谊从此开始……内山先生曾说："不知不觉，十年的岁月过去了。"

在这10年里，鲁迅十分信任内山的为人，认为他是"不会出卖朋友的人"，而内山又善于结交各种朋友，于是，内山书店的一角，便开始了"漫谈会"，人员并不固定，但常常高朋满座。鲁迅本人也是兴致盎然，常在日记和书信中提及"漫谈会"。1932年4月，内山因事回日本。"漫谈会"主人不在，只好停办几次。为此，鲁迅还在给内山的信中深表遗憾，"热切的盼望您早日归来"。直到1936年10月17日，鲁迅去世前2天，他还抱病去参加"漫谈会"，并在10月18日写给内山的信（实际上是鲁迅先生的绝笔）中提到"漫谈会"。

鲁迅先生曾经在给内山完造的赠诗中提到，内山完造是"廿年居上海，每日见中华"。由于广泛接触大江南北多阶层的中国人，内山完造得以对中国有细致的观察和深入的了解；开书店，使内山完造博览群书；“漫谈会”的交流探讨，又使内山完造逐渐形成自己的中国观。

1935年12月，内山完造所著《活生生的中国》（原名《支那漫谈》）在日本东京学艺书院发行。鲁迅先生特意用日文为之作序，高度称赞该书：“著者的用心，还是在将中国的一部分真相，介绍给日本的读者的。”这是鲁迅一生中唯一一次为外国朋友的书作序。内山本人则把鲁迅的序言称作“天下一品”。

如果说内山完造并不是某一方面的“大家”，那么，他的的确确是一位“杂学大家”。

《活生生的中国》一书，由中国学者尤炳圻翻译成中文，改名为《一个日本人的中国观》，又名《活中国的姿态》，1936年8月在上海开明书店出版。鲁迅先生曾在给译者的信中称：“内山氏的书，是另外一种目的，他所举的种种，在未曾揭出之前，我们自己不是觉得的。所以有趣。但倘以此自足，却有害。”

后来，内山完造又陆续出版了几本记录中国见闻的随笔集。抗战结束后，内山完造回到日本，此后又多次来中国访问，并致力于日中友好活动，担任日中友好协会副会长。他曾在晚年对家人表示，死后骨灰一半葬在中国。1959年9月，内山完造来中国参加中华人民共和国成立10周年庆典，因病逝世于北京。按他的遗愿，一半骨灰葬在上海的万国公墓。

内山完造与鲁迅之间的友谊，当然并不仅仅限于“漫谈会”，还体现在许多方面。

首先是书与画。书，包括买书、出书、卖书；画则是现代版画。

内山书店为鲁迅提供了大量书籍，从《鲁迅日记》中可以看到，1928—1935年，鲁迅买书花费，多的时候每年2 400元，最少的也有600元，主要是购买日文书。这些书籍，既包括传播马列主义的政治书籍，也包括日本和苏联的文艺书籍。内山完造的胞弟内山嘉吉曾说，鲁迅“购自内山书店的日文书籍，其数量之多，真够令人吃惊，书籍种类之广，也够令人吃惊”。

鲁迅曾以“三闲书屋”的名义自费出书，其中不少都是由内山书店代售，包括被当局禁止发行的《伪自由书》《南腔北调集》《准风月谈》等。有些书籍，还是经由内山书店去日本印刷的。除此之外，内山完造还曾介绍几十位日本作家、学者、政治家与鲁迅相识、相知。

版画，是宣传革命的重要工具。1930年，鲁迅与内山完造合作举办世界版画展览会，影响甚广；1932年、1933年又连续举办。此外，鲁迅还请来了内山嘉吉主讲木刻讲习会，鲁迅亲自担任翻译。这些活动，为中国版画艺术的发展奠定了基础。

其次是人的交往。

患难之中见朋友。由于深信内山完造的为人，鲁迅在遭受迫害甚至被通缉时，总是得到内山完造的援助。内山完造曾多次保护鲁迅避难。

1930年3—5月，鲁迅因参加“中国自由运动大同盟”和“左联”而遭到当局通缉，曾在内山完造家中避难两次，在内山租用的拉摩斯公寓避难一次。每次都是十几天。

1931年1月17日，“左联”五烈士被害，鲁迅也上了黑名单，经内山完造介绍，鲁迅于1月20—28日避居在日本人开的旅馆花园庄楼梯下潮湿的小间里。这一次，鲁迅还带上了家属，并写下了著名的诗篇“惯于长夜过春时，挈妇将雏鬓有丝”。这一年，鲁迅50岁。

1932年1月28日，上海发生“一·二八事变”。一颗子弹穿入鲁迅的寓所，30日，寓所遭大批日军搜查。幸好鲁迅及周作人一家共十人及时转移至内山书店及设在英租界中的内山书店支店。时值春节，鲁迅却过着“十人一室，席地而卧”的生活。鲁迅回忆说：“在这样的形势之下，30日下午，我们仅仅带着简单的衣服和几条棉被，就和周建人家小、女工连同我们共十口人，挤在书店的一间楼上。女工、小孩和大人一起过着几个人挤在一起大被同眠的生活，窗户是用厚棉被遮住的，在暗黑沉闷的时日里，度过了整整一星期，到2月6日旧历元旦，才得迁避到三马路内山书店支店里去。住在北四川路内山书店的时候，我们看到书店中人们忙乱不堪。我们呆蹲在楼上斗室中，照顾着孩子们不声不响，不哭不闹得度日如年。而耳边的枪炮声，街头沙袋堆旁边守卫的踱步声，因着人声的静寂，反而历历可闻了。我们在自己的国土上，饱尝了侵略者加给我们的窒息难忍的压迫。大家都默默无言的，然而又互相领会其情的过着日子。这种难以名状的情绪，时时纠缠在一起向心头猛烈的袭来，真是不好过极了。”

1933年6月18日，杨杏佛被杀。鲁迅不顾有遭暗杀的危险，义无反顾地去万国殡仪馆参加悼念活动。这次，又在内山家中避难。

1934年8月23日至9月18日，内山书店两位中国店员因参加政治活动而被捕。为保护鲁迅，内山完造又安排鲁迅住进自己家里。

内山完造对鲁迅的保护，并没有因为鲁迅的逝世而结束。1941年，许广平被日本宪兵抓走，寓所被搜查，又是内山完造出面，多方设法营救她出狱。

可以说，鲁迅与内山完造之间的交往，充分阐述了“朋友”这个词的定义。

《活生生的中国》是内山完造的成名作与代表作。文章短小精悍，却立意颇深。时至今日，仍有很大的可读性。

概括起来，内山完造的著作主要有以下三个主要特点：

第一，从鲜活的现实生活出发，观察细致，立意深刻。

《活生生的中国》首篇《文章文化与生活文化》就开宗明义地指出：“总之，我不再阅读研究中国的书籍，摒弃了文献先入为主的思想，把对中国人的生活本身的观察和把握作为第一要务。抓住这生活文化——真实的文化，即使只是沧海一粟也好，就这样努力至今。”20年的推销员生涯，首先接触的是人。内山完造所接触的中国社会，主要是上海及长江沿岸城市的中层市民，同时，他也接触到了下层劳苦大众。细致观察“活生生的中国”而写出的“漫文”，的确如鲁迅所言：“这些漫文，不是的确放着一种异彩吗？”可以说，《活生生的中国》实在是“适当的人物”（鲁迅语）经过适当的观察而写成的“活中国”的适当的“姿态”。

第二，注重中日比较。

内山完造作为一个日本人，在观察中国的社会生活中，有意无意地时时将它与日本比较。

诚然，研究中国的日本人，内山完造既不是第一个，也不是最后一个。但注重中日比较，尤其是中日之间实际社会生活中细微之处的比较方面，《活生生的中国》可以说是首屈一指。

在《木与竹》一文中，内山完造指出：“日本人的生活是直线式的，所以称日本人的生活为直线生活。中国人的生活是曲线式的，所以称中国人的生活为曲线生活。”鲁迅先生同意这个观点，据内山完造所作《鲁迅先生》一文回忆，鲁迅曾说：“中国四万万民众，害着一种毛病，病源就是那个马马虎虎。就是那随它怎么都行的不认真的态度。”

此外，内山完造还在《钟声》一文中比较了寺院钟声与佛像的不同，在《天井》里比较了对生了孑孓的饮用水的态度的不同，在《饭店二景》中比较了饮食与饮食环境的不同，在《看法和想法》中反思文化深层的原因……

这些细致入微的比较，可以使中国人省悟自己的生活和生活态度，或许还可以从中找出改进的途径。

第二，内山完造深刻地揭示了中国人的国民性。

首先是充分肯定中国人国民性的优点。

比如他在《因人定价》《便茶》《剩饭》《又一剩饭》《零买更划算》《帮的一种》等文章中，充分肯定了中国下层百姓的一些优良品质，比如同情穷人、互相扶助、互相团结等。这样的文章，在《活生生的中国》中占了相当大的篇幅，以至于鲁迅先生评论该书“太偏于写中国的优点了”。

其次是揭示了中国人国民性的缺点。

比如中国人的马马虎虎（《木与竹》）、缺乏公众精神（《股份有限公司无法盈利》)、爱占便宜(《福禄寿》《唯吃论》)等。不少文字相当犀利，刻析入微，发人深省。在这方面，他与鲁迅先生的文章即使不能说不谋而合，也可以说是互相映衬，互相影响，其中不少是“漫谈会”的结晶。

再次是展现了中国人国民性的现实。

比如买一碗粥喝也要计较稀稠(《彻底的实际生活》)，中国人对待工作之便(《偷与落》)，中国人对待赌博的态度(《赌博的概念》)等。另外，对于日本与中国的贸易交往，内山完造也在《洋纱》《不用心必败》等文中提出不少见解。

第四，生动展现了老上海的市井生活。在《魔都》《白相相》等文章中，内山完造用细致的观察和生动的笔墨，描绘了一幅幅上海市井百态图。

总之，《活生生的中国》等书充分反映了内山完造的中国观。它不是系统阐述性的论文，却通过中日日常生活的比较，相当深刻地揭示了中国的国民性，颇有大家风范，可称“天下一品”，至今仍值得一读。

内山完造关于中国的著作，除了《活生生的中国》之外，还有《上海漫语》（1938）、《上海夜话》（1940）、《上海风语》（1941）、《上海霖语》（1942）、《上海汗语》（1944）以及《花甲录》（1960），本书从这些著作中精选了30多篇具有代表性的短文，由邹欣晨和黄晨最新译出。译文兼顾了内山完造的语言风格与当今的语言习惯。此外，本书还编选了鲁迅、内山完造、王宝良等当事人的几篇珍贵的回忆文章以作映衬。

我们愿以本书来纪念内山完造对中国的友谊，并以此献给当今的中国读者。

编　者

2014年6月

内山完造

谈中国

文章文化与生活文化

我观察中国，已经有20多年了，觉得最值得注意的只有一件事情——对于同一种中国文化，人们却有两种不同的看法。假如说这是因为人都有左右两只眼睛，倒也无可厚非。但实际上，这真是很不可思议。

右眼看到的中国文化，与左眼看到的中国文化，显然是有区别的。同样的东西，在右眼看来和左眼看来，形象却颇为不同。我暂且将这两种文化，一种称为文章文化，另一种称为生活文化。这种区分，虽然未必一语中的，但无论如何，这样的名称会比较容易理解。

所谓文章文化，自然是说表现在文章里的东西。而生活文化，是活生生具体存在的东西。这样说的话，文化的这两种区别不仅限于中国。必然会有人说，没有哪个国家不是这样的吧。然而，以我在中国所观察到的来看，不得不为这种区别的鲜明感到吃惊。

比如，长江沿岸经常可以看见桃花李花盛开，杭州一带疏影暗香的老梅枝头也开满白花，金木犀和银木犀（桂花）繁茂如林。在这样的地方，却大多并列摆放着两三只甚至五六只臭不可闻、脏兮兮的大粪桶。但是，将这种反面事实通过文章表现出来，就

内山完造与夫人井上美喜子合影

会呈现出完全不同的景象。

这种实际的景色在文人墨客笔下，当然是用精炼的华美辞藻表现出来的，所以写成的文章，不外乎是些梅香馥郁、虬枝峥嵘、如湘娥之姿浮于月光等等一套。这么一来，那些臭不可闻的大粪桶，就在文章里找不出半点踪迹来了。这不过是一个例子而已。总之，表现在文章里面的中国文化，与实际生活绝不是一回事。实际生活则是另在别处。换句话说，实际生活，只有在生活里才能体现。

因此，我才把它们暂时命名为文章文化和生活文化。在我看来，日本的大部分研究中国的专家（不分左派与右派），所研究的不过是文章文化而已，具体地观察或是研究中国生活文化的人，几乎没有。至少，我还没有亲眼见过。

这样看来，日本的中国研究专家和中国的文章文化制造者，真是成了一对好兄弟，都是同一类文章的玩家，至少我是这样认为的。我以为中国所谓的文章，只是将中国人生活的一部分，或者说一方面，用文字巧妙地组合后书写下来的东西而已。所以，它只是一部分的记录，而不是全部。同时我也相信，如果以这种文章作为生活的标准，是不足以完全采信的。

但为什么日本的中国研究专家，只是埋头于研究文章文化，而不管其他呢？我觉得这没什么不可思议的地方。因为日本的研究专家非文章不信，非文献不信；不论这是如何千真万确的事实，只要在文献中找不到，就视而不见，听而不闻。与其说是我亲眼所见，或是事实如此，倒不如说某书某节如何如何写法更有凭可依。这就是日本研究专家的态度：既不可思议，又滑稽之极。就像我之前说的，中国所谓的文章，已是远离实际、高不可攀的东西了；是经文人墨客的头脑里字斟句酌以后，来满足他们个人陶醉的东西而已；并不是来自生活，而是来自他们的头脑。恕我直言，这可以说是有闲文化的精粹。假如只是凭这点便足以认识中国、了解中国，可真是太滑稽可笑了。

千百年以来，日本一直过着海洋中的孤立生活，结果就建立了非常不实际的鉴赏性文化，并形成了接受中国鉴赏性文章文化的根基。一边培养着本国的有闲文化，再加上受了中国有闲文化熏陶的祖先，在这种传统中成长起来的我们日本人，重视文章文化，也是不得已的事。

作为中国有闲文化代表性的存在——儒教，传入日本后，成为实践理论的基准。结合之前的观点来看，这也是理所应当的。反之，中国的生活文化，却好像几乎没给日本人带来任何影响。在有闲文化中长大的我，遇到实际中国的生活文化时，不得不说是手足无措了。也许是走投无路才出此下策，也许只是出于偶然。总之，我不再阅读研究中国的书籍，摒弃了文献先入为主的思想，把对中国人的生活本身的观察和把握作为第一要务。抓住这生活文化——真实的文化，即使只是沧海一粟也好，就这样努力至今。

这就是现在各位所看到的我的漫文——组织并不严整的我的漫文的创作过程。一本正经的序论，到此打住。

日本的中国研究专家，只是研究了中国的文献，以及在这种势头下繁盛起来的文章文化而已。

我却关注生活，想要把握住生活文化。

（译自《活生生的中国》）

帮的一种

要我说，不知长江就不知大河。为什么？因为长江就是大河；不知中国就不知大陆。为什么？因为中国就是大陆；不知中国的生活就不知汉字，为什么？因为汉字就是中国人的生活符号。

住在日本国内的人，不论用尽什么方法，终究无法测量长江有多大。想要知道长江有多大，除了亲眼去看一下长江之外，没有其他办法。同样，住在日本国内的人，不管用尽什么方法，无论如何也明白不了什么是大陆。想要知道什么是大陆，也只有亲自到中国国内旅行一次，才是最好的捷径。

一提起汉字，立刻会使人联想到，中日两国是同文之国。面不改色地说这就好比车的两轮、鸟的两翼等这类的话的人比比皆是。我除了对这种自负感到惊讶之外，也没什么好说的。所谓汉字，如果完全像日本人解释的那样，诚然是无上的幸事。这对两国人民而言看似是值得共同庆祝的，但遗憾的是，事实并非如此简单。日本人对于汉字的解释，是脱离了中国人生活的解释。要按照这种解释来理解中国人的生活，其实是越发困难的。

文字这东西，原本是人类因生活所需而创造出来的，说到底，不过是一种生活符号而已。汉字也并不例外，这也是由于中国人的生活所需而产生出来的符号，除此之外没有任何神秘性。

帮的一种

不论哪国人的生活，都会随着时代的变化而变化，中国人的生活也是这样。不仅如此，跟其他国家相比，中国的变化更为急剧。生活既然有了变化，作为生活符号的文字，同时及其内容——即其意义，也自然产生了变化。简单来说，今天中国人所使用的汉字的内涵，是今天中国人的生活符号，是过去千百年来，顺应着中国人生活的变化而渐渐进化发展得来的东西。所以，今天的汉字就是今天中国人的符号。不知道今天中国人的生活，就不能说是了解其文字。这绝不是谬论，而是事实。

因此我才说，不知中国人生活的人，不知汉字。文字呀、文章呀，只有把人类生活作为根本来看待，才能充分认识以之为根本的人类。尤其像中国这样，所谓的文章已经形成了一种特别的世界，因此更加有这种必要。不能充分了解中国人的生活，即使用中国的文字书写出来的文章，指望它能正确地解释说明，也是十分困难的。

严肃死板的议论暂且到这里，之后开始我的漫谈。

有人吆喝着“磨剪子嘞戗菜刀”。这相当于日本的吆喝“剪子菜刀剃须刀”。于是，有小孩拿了两把剪刀一把剃须刀出来，打听多少钱才肯磨。回答说是两角钱（相当于日本20钱左右）。孩子说100钱（相当于日本3钱）磨了吧，磨刀的只是嗤之以鼻。王先生出来了，说200钱磨了吧。磨刀的无论如何也不答应，说要么300钱，王先生还说200钱。一来一去，争执不下。

过了一会儿磨刀的人问：“你是哪里人呀？”王先生回答：“我是宁波人。”“你是宁波人？我也是宁波人呀！”这么一来，谈话渐渐变得中国式起来了。“你是宁波人，我也是宁波人。老乡自然是得互相帮帮忙的。你是在这东洋人的家里混饭吃的，我现在也正想赚点东洋人的钱，你帮我才对呀，帮东洋人可就没有道理了呀。”这么一说，王先生刚才的那股精神头儿也不知消失到哪儿去了，便默认了。王先生只说了句“好好好好”，说完，两把剪子一把剃刀，便以300钱讲妥了。

“老乡”这个词，实在是可怕得很。这个词可以用于任何方面、任何事情。在都市里，“老乡”这个名词的具体表现，就是什么会馆、什么公所。此外，更有许多随时团结、随时解散，并没有什么严密会则规章约束的东西。所以，这实在具有一股伟大的力量。这些组织的总称叫作“帮”。帮才是中国本真的社会组织核心。这种帮在某种范围之内相互扶助，实际上是维系一些人所说的社会主义中国秩序的不成文的法规。

对于这种帮，我是非常有兴趣的。日本的中国研究大家根岸佶先生，便是研究这种帮的大专家。听说《中国行会之研究》这本著作，便是先生的博士论文。大连的橘朴先生也是这方面的大家。日本人一说到帮，便立刻想到青帮红帮之类的。而我所说的，却是更为广泛的东西，青帮也好，红帮也罢，只不过是帮的一种而已。

（译自《活生生的中国》）

零买更划算

大雁飞鸽子也跟着飞，就算是一坨狗屎也跟在屁股后面。真不知道这只最早的大雁是谁，也不知道它在哪里，只听到嚷嚷："中国是未开化国""中国人是未开化人"。听到这话的野鸽啊、家鸽啊也都"未开化、未开化"地从山里叫嚣到村里，连路边的野狗都听到了。一传十，十传百，终于给中国和中国人打上了未开化国、未开化人的烙印。而且，人们对此深信不疑，犹如信奉神圣的真理。真正的中国人究竟是否真的如这个烙印那样呢？我对此表示怀疑。

工业革命以后，近代大工业使得家庭工业落伍，所导致的结果就是小规模的生产成本高昂，而大规模的生产成本低廉。充分表现这种形态的国家，都受这原则的支配，买的量少就贵，买的量多就便宜。例如在日本等国，一个1钱的东西，10个就算8钱，20个算15钱，买得越多越便宜。按西洋方式也是同理，一个10钱，一打1元，12打10元。中国存在的事实恰恰相反。当然了，像上海这样开有日本商店、欧美商店的地方，中国人的商店为了显示出自己属于文明人之列，办法大概和外国商人是一样的。另外一些经营规模较大的近代百货公司（像永安公司、先施公司、新新公司、丽华公司）也是遵行文明的规则的。可一旦要是去一般贩卖生活必需品的中国式商店买东西的时候，情况就完全不同了。也许正是因为这样，才被打上了未开化人、未开化国的烙印吧。他们的做法，与文明人正相反，才被称为未开化人。这事确实很有意思，有时也令我感到很愉快。

买1斤白糖，一称重，多半是不足秤的。与3分钱买来的一比，多半是3分钱得到的份儿更多。

叫人送来100斤大米，与用两角钱（相当于日本的20钱）买的一试，居然还是两角钱买的比较划算。其他的油、盐、面粉、肉、棉花、棉布、药材，所有东西都是买得越少越划算。更奇妙的是，同样的商品，劳动者买时，比绅士贵妇们买价格要便宜。

不仅购物是这样，雇车也是如此。同样的距离，却因乘车者身份不同，价格也不同。女佣乘车时，一定会比老爷太太的车钱便宜。旅行住宿，来做生意的与来消遣的，付的小费也有差别。做生意的如果付1元，只是来玩的就得付2元。这样的事，服务生是毫不含糊的。老爷或者太太拿了方子到药房配药时（在中国，医药是分工的），5天份的药价1元；同样的方子，女佣苦力之类的拿去，5天份的药7角钱也就给配了。

让女佣带着酒瓶买到的2角钱的花生油，总比老爷太太买的多出两成。“像中国人那么会盘算的人，怎么肯答应做这样的事呢？你是胡扯的吧。”也许会有人这么说吧。对于这样的人，我除了说请亲眼去看看之外，也没有别的办法。只要亲自去看了，保证是没错的。只因太司空见惯了，所以不留心是绝不会注意到的。我也跟这么干的店员打听过，他满不在乎地说：“那是自然的。”没有丝毫疑惑。我又问为什么要这样做呢，他也说不出其中的道理。不论是店主、掌柜的，还是小伙计，只是手头上该干吗干吗。来光顾的顾客也没有一句怨言。也无须多做拙劣的解释，这是一种多么富含美妙人情味、让人内心感到一股暖流的方式呀。这就是中国式的样子。

这是与悠久的天地共存、生活在四百余州的四亿人之间所普遍遵行的不成文的律法，这是中国式的经商方法，是多么伟大的一部默剧呀，我不禁为之深深感动。

那么这部伟大的默剧的创作者究竟是谁呢？是孔子？孟子？唐高宗？秦始皇？还是乾隆？不不不，绝不是这些可以数得出的少数人能用笔墨写得出来的东西。

这实在是五千年的历史长河中，用数百亿、数千亿的人血，书写出的可歌可泣的一幕。中国果真是未开化之国吗？中国人果真是未开化之人吗？

多了也买不起的人，一定是穷人。给穷人多一些，难道不好吗？

买得多的人一定是有钱人。对有钱人，尽量多索取些，难道不好吗？

这就是中华民族伟大的不成文的规律了。

（译自《活生生的中国》）

便茶

世界在进步，连禽兽都承蒙文明的恩德了。上海的公共租界法租界，一到夏天，官厅就在路旁为供人骑和拉车的马安了水槽。每天苦力清洗之后，会将干净的水倒进去。

马儿哼着鼻子，高高兴兴地喝水的时候，一定也深深感激人类的大恩大德吧。即使对于要杀了吃的家禽类，在临宰杀以前也不可以过分虐待。由于人类的慈悲心，组织了动物爱护会，许多妇人都是该会的会员。中国人如果看见随便揪着鸡翅膀在街上走的人，便会立刻向巡警告发，这便构成罚款若干的罪名。鸡一定在对爱护会感激涕零之余，还想着顺便要求连宰杀的事都高抬贵手给予赦免了吧。只是因为言语不通，所以没法说出，也不知是幸还是不幸。

在30多度的炎热下，柏油马路烫得都起泡开裂了。不论飞驰的汽车、人力车、小车子甚至是步行的人们的双脚，都像被恶魔般的黑色柏油路粘住一样。打着赤膊干活的人身上油汗直流，使出了高于平时两三倍的力气，渴得连声音都发不出来。这场景，我一直都记得。

路旁的树下，电线杆的旁边，到处有铁皮的茶桶、陶瓷水壶，装满热茶。这就是便茶（或者称凉茶）。这种便茶绝不是政府或者官厅所设的，也绝没有下设置的命令，只是到了夏季，谁愿意

内山书店门口的免费施茶桶

摆就摆出来（最近也有以什么什么会的名义而设置的），无条件地供给炎日之下奔波喘息的人们饮用罢了。

我也模仿着中国人，每年在街头施送便茶。今年也已经照例开始了。早晨哎呵哎呵地运了开水来（在上海，有种叫“老虎灶”的熟水店，便茶就是向这种店买来的），先投入一大袋茶叶，然后唰唰地将开水倒进桶里。干活的人已经拿了大竹勺在等着了，由一个人到两个人，到三个人再到五个八个人，阳光越强，喝茶的人也越多，恰好成正比。六斗多的茶，四小时便喝得一干二净了。一整个夏天有十天上下，午后热得最厉害的时候，两小时左右便喝完了。迄今为止的记录是一天能喝掉三石三斗茶。这出戏可以说是大成功啊。

不论是多么反日的时期，也没有人说因为是日本人的茶就不喝的。对于渴极了的人，只要给他所想喝的东西，就没有国籍不同、人种差别的问题了。被排斥，被拒绝，还不是因为强加给他们不想要的或者是可怕的东西的缘故吗？

比如说，中国人是不喝生水的，若不施热茶而施生水，便等于白施了。因为他们以为喝了生水是要肚子痛的，恐怕是不会喝的吧。再比如说，中国人是不吃冷饭的，若将金枪鱼寿司拿给中国人吃，就算是白送，恐怕也决不肯吃吧。说到底还是怕肚子痛。若给他们热茶或者白粥，便高高兴兴地吃喝了。

渴到不行的时候，却给人家黏糊糊的泥巴，又会怎么样呢？这样问的人，也太不讲人情了。

在我所设置的便茶的桶底，常常发现一两个铜板。起先还总以为是孩子们淘气，误丢进去的，其实是大错特错了。那其实是因为我不收分文、无条件地提供便茶，解了那些干活的人们的渴，是他们发自内心的一番心意。

这一个铜板，有时是他们被打被踢，甚至流了血才换来的，但他们却将它毫不吝啬地放进茶桶里去了。而他们只不过是个目不识丁的苦力啊。

啊，这份心意，十万人之中哪怕能有一人如此也不得了啊。我不得不向这十万人致以感激之情。谁说中国人不知道感恩的？为马储水，不忍虐待鸡鸭的西洋文明之士，见了炎日之下奔波喘息的人，却只装作看不见一样。

因虐鸡而被征收罚金的“野蛮”的中国人，会义务为他人施送便茶，即使被说是“野蛮”，我也还会效仿中国人去做。

（译自《活生生的中国》）

剩饭

没有紫山，也无清水，茫茫之外只有茫茫。没有比上海更缺乏自然景色的地方了。连鳞次栉比的房屋也像是终日梦金成疯的蠢人之海——因此，上海的公园才愈发有巨大的价值了。

幸好在上海还有设施齐全的外国人经营的公园。鄙人在此地居住二十多年，早晨散步，傍晚纳凉，都算是沾了这些公园的光，每念及此，不得不说唯有公园才是我们无上的乐园了。我讴歌着上海的公园。

那已经是五六年前的某一天的事了。早晨，我像往常一样向新公园走着去散步。斜对面工地上来了一个苦力，哎呵哎呵地挑着一担昨天的剩饭，两只大竹筐子里装得满满的。也不知道是从什么地方飞蹿出来的两个叫花子，像狗一样地靠过去。一前一后，壁虱似的贴紧了饭筐（可是一粒米饭也没有吃），又是拜，又是求，合着手，说着“求求你了，求求你了”，要讨一碗冷饭。

挑饭的苦力抬起脚来，说着“去去去”赶他们走。可是，两个叫花子固执地苦求，不肯离开。苦力说这是“包饭作”的东西，而且刚刚称过了分量，一给他们吃，自己就得赔钱了，所以不行。叫花子可是不听这一套，只管死皮赖脸地求。苦力好几次想要挣脱，无奈叫花子紧跟着饭筐，不停地说肚子饿，弄得苦力一筹莫展，进退两难。恰好这有趣的场面被我撞见了。我心里盘算着，如果再没人来，我就挺身而出来调停此事，所以请妻子暂时停步旁观。

卖剩饭的苦力终于生气了。在这时候，苦力照例将扁担往路边一扔，大发脾气。叫花子却依然拜倒哀求。

我想与其如此拜倒哀求，还不如先抢了吃掉再说好了；可是他们却决不上手，只是苦苦哀求，等着苦力说一声“好吧”。苦力的目光时不时看向我，是可以开口的时候了。心中正想着，忽然对面来了一位先生（掌柜的，地位相当于老爷）。越来越有趣了，这位先生肯定会加入调解的。果然，他开口了。苦力将经过描述了一遍，讲叫花子如何如何无理。听完双方主张的先生，最后下了明断。

他指着饭碗对两个叫花子说："你从前面的筐子里取剩饭两碗，你从后面的筐子里取剩饭两碗。"于是一个叫花子啪地脱下他的旧帽子，堆成高山一样的装了满满两碗。另一个也脱下了破短衫，堆成山一样装了满满两碗，将筐子里的剩饭扒平，站了起来。两人的面孔突然明朗起来，笑嘻嘻地道着谢，便塞满了一嘴，一面嚼一面跑进小巷子里去了。先生也随即走开了。卖剩饭的苦力唠唠叨叨地抱怨着，拿了扁担，说了一声"没法子"，就又哎呵哎呵地挑着走了。我们才走向公园，心情非常愉快。

就是在这里，就是在这里，中国的形态在这里鲜明地浮现出来了。

双方的理由，一方是："饿得一顿饭都没有吃呀，给我一碗吧。"一方是："因为是别人的东西所以不能给。"听到了双方的理由而加以权衡，宣告说，每人盛两碗。

不可忽略的是，叫花子饿着的肚子终于胜了。这就是中国文化形态鲜明地浮现出来的地方了。中国是饥荒之时，即使抢劫米粮店也不受罚的特殊国家，这道理平常时候也都是明摆着的。

醉心于西洋文化的人们，请回过头来看看这事实吧。这种事实至今毫无变化。再说一句，法律的使命为“最后一人生存权之确立”，这话究竟是在说什么呢？

（译自《活生生的中国》）

又一剩饭

上海店铺的饭食几乎都是包饭的，所谓包饭，就是由一家饭店将饭菜做好了送到店里来。送来的时候还什么事情都没有，等到来收拾吃完剩下的餐具的时候，一定有一个或者两三个叫花子跟在后面，偷瞄着搬出来的饭桶和碗盘，只要有一点剩的东西，便打开破旧的盆盆罐罐，去盛去了。而且事实上没有一次不是这样。

这种时候，"包饭作"的苦力如果任他们掠夺剩菜剩饭倒也相安无事，否则就会发生一场纷争了。

不过，无论纷争到了什么程度，胜利总归是属于叫花子的。

对于这种事情，我感到非常有兴趣。这里有一种中国式的理论存在。然而，无论谁都没法说出这种理论是什么。虽然仅从表面探其究竟很困难，我仍把它解释为中国式的理论。

一些人凑在一起，说好每人每月出多少钱，让"包饭作"承包伙食。每天运送来的饭菜分量总是足够的，就算把送来的东西全部吃掉了，对于"包饭作"来说，也绝算不上什么损失。再说了，请包的那一方客人把送来的东西全部吃掉，或者只吃一半，都是由他们说了算。客人只要肚子吃饱，吃剩的东西就不要了。吃剩的连同餐具全都交到了"包饭作"苦力的手里。搬运的苦力吃点这些剩饭，也没什么错儿；再将这些残羹剩饭施舍给叫花子也是理所当然。这种行为，附以少许法理的解释，就是这么回事儿。

"包饭作"运来的全部饭食，按契约来说，已经属于交易完成的货品，自移交到顾客手上的那一刻起，所有权也就转移到顾客一方了。

顾客作为所有权方吃这些饭菜，对于吃剩了的，又放弃了其所有权，转让给搬运的苦力。搬运的苦力原本只负责搬运，没有理由说他有什么所有权。这样来看，包饭的剩饭就成了没有了所有者的落空的东西了。于是，在生活中落了空的叫花子先生们便主张他们的“当然收得权”。纵观此事，也是极有道理的。

不，不，这种理论也许是完全错误的。不过事实确实如此。把吃剩了的东西，给了没有饭吃的叫花子这种事，简单地说，这证明了为了生存，没人会谈什么剩物的所有权。因为生存权自然而然超越了所有权。

（译自《活生生的中国》）

因人定价

舞台小天地，天地大舞台。据说这就是中国人的想法。假设现在有一个红毛洋鬼子（用以称呼西洋人，但这种叫法不过是洋人一类的意思，与称呼日本人东洋鬼子一样，并没有什么深意），在舞台上出现了，另外又来了一个黑头发的亚洲人，吵吵嚷嚷地带了四五个同伴。迎面碰上那个红毛洋鬼子，亚洲人立刻转向其同伴，扬言道："那个洋鬼子满腹野心，得格外小心，为了世界和平，应该打倒他。"亚洲同伴们都表现得切齿扼腕，同仇敌忾。

然而那个洋鬼子一挥拐杖散起步来、唾沫横飞的时候，这些切齿扼腕的人，也都挥着拐杖散起步来了；洋鬼子停下拐杖，一吸卷烟的时候，他们也又都吸起卷烟来了。总而言之，洋鬼子一做什么事，他们都立刻无条件地模仿。旁观者好像很愉快地笑而观之。其中只有一个邬其山抱着双臂低头说："太可笑了呀！"

邬其山在30年前曾经到日本首都东京去过。在中央停车场下了火车，出站一看到那么宏伟的大建筑"丸之内"，便误以为那是美国。当然，他的心里是想，自己所没有见过的美国大概就是这样的吧。一见东京人走路那么快，就觉得这就是腿短一些的美国人呀；一见化了新妆容的妇人，就疑心是矮个儿黑发的美国电影女演员了。以往在中国上下各级人民之间流行的麻将，近年来在日本也盛行起来，所谓的麻将俱乐部，多得不可胜数，也是很有趣的现象，邬其山这样想。日本人经历了日清（编者注：日本人称甲午战争为“日清战争”）日俄两次大战之后，动不动就看不起中国，视中国如路旁的敝屣。但麻将却在日本流行起来，他觉得有些不可思议。

难道是日本对中国重燃兴趣，所以第一步先接受娱乐方面吗？这样草草判断也可以，但邬其山可不这样简单地认为。仔细对事实加以调查分析时，可以看出：

麻将原来不是从中国传入的，而是由美国传入的。日本流行的麻将，是Made in America的。不管再怎么急着学取美国的长处，连一切新建筑新经营都是美国式了，但以前流行于近在咫尺的中国的麻将，竟然要从千里迢迢的太平洋彼岸传入，想必有其特殊的原因吧，但问来问去，听到的只有一句，那就是因为麻将现在在美国极为流行。人们醉心于美国到这种地步，邬其山叹息着说，已经病入膏肓了。

邬其山误将东京认作美国，也不是什么不可思议的事。

因人定价

哎呀，不得了！我明明在做中国的漫谈，不知不觉跑题到什么日本呀美国去了。

正如我在《零买更划算》一文里所写的，中国做小生意的商人和奇特的买卖方式十分有趣（买得越少越便宜，买得越多越贵），让人以为中国还是落后的国家。这件事，某天我和鲁迅先生闲谈到了，鲁迅先生又告诉了我一件有趣的故事：

有一家的阿妈，每天到小菜场去买菜。某日这位阿妈外面还有事，所以将四角钱和油瓶交给油店，托他们送到某处某处，然后就走了。阿妈办完事回到家，油店果然已经将满满一瓶油送到无误了。当天什么问题都没有。

之后阿妈又有了什么事情，就跟上次一样把四角钱和空瓶交给油店，让他们送到家。可一回宅子，太太便让阿妈看，道："今天的油比往常都少了。"油店送来的威士忌的酒瓶里装的油，的确只有八九成。

太太问过，每次都是满满的，为何就今天不足份。油店的小伙计说，绝不会少，四角钱就是只有这些。太太说没有的事，上回也是你送来的油，怎么就满满的。小伙计回答，没有这回事儿，油只有这些。说完，没事人儿一样地回店里去了。

第一回四角钱打来的油是满满的，第二回还是用同样的瓶子打四角钱，竟然不满了，这可真是有趣。每回总是阿妈自己在店里四角钱四角钱地买满满一瓶油，第一次请油店送到家里时，店里并不清楚那是阿妈的家还是别人的家。等送到一看，才知道绝不是阿妈的家，而是很气派的大宅子。这深深印在了小伙计的脑海里。第二次阿妈再去托他送的时候，小伙计的脑子里浮现的不是阿妈了，而是一位阔太太，于是小伙计的手也就自然而然地只打到八成为止了。这样只打到八成为止的小伙计本人，当太太说少的时候，也没觉得有什么，所以没事人儿一样地坚持说就只有这些油。再问他一遍，为什么没有打满的时候，仍然回答说，没有的事儿，只有这些，就回去了。

有趣，有趣，实在有趣。不知是谁说的，商品的价值等于原料的原价加上工资再加上商人的利益。如果全世界都这样，我也就没什么好说的了，但批发商却不这么做。这里就是有这么些难对付的人，把原料的价值加上工资再加上顾客的地位而定商品价格，所以才异常棘手。当然，也可以草草了事地说，这是封建的余孽、亚洲生产形态的遗物。但有的人二一添作五，有的人却二一添作六，各有各的卖法。那中国真的是落后吗？不，搞不好还是更先进一步呢。

（译自《活生生的中国》）

股份有限公司无法盈利

上海的街上，有各种各样的车子来来往往。光是我站在店铺前数过的，就有60多种了。自诸葛孔明时代就有的独轮车，到今天的汽车，展示出各种时代的特色，来来往往的什么样儿的都有。

时髦的妇人从黄包车上跌落了下来，几乎没有一个人上前救助，不仅如此，车夫苦力等劳动者们，拍手高喊着“好，好”（在这种时候，是表示“有趣、有趣”的意思）。这种行为，至今被人认为因为他们是野蛮人才这么做的，但我却不这么想。为什么呢？拍手喝彩的时候，他们自身会感到一种复仇的痛快（虽然这层意思很轻），而对于跌落的妇人加以嘲笑。简而言之，中国没钱没势的劳动者们，对有钱有势的人常常抱着一种反感的态度。他们认为正因为有了你们，所以才弄得我们没钱没势。这种想法，并非受近代思想的影响，而是经年累月的经验，让他们自然而然地这么想了。

于是，他们一看见那些有钱有势打扮的人物，即使那些人滑倒了甚至是跌翻了，他们不但不施救，反而还加以嘲笑，落得痛快呢。

一辆独轮小车，运着砖瓦和土过来了。这辆车子突然横倒翻车的时候，旁观的那些车夫苦力等劳动者们既不拍手，也不嘲笑，嘴里嘀嘀咕咕，都围向倒地的小车子来，帮着扶起，并将散落的东西给拾起来装好。得到了帮助的小车车夫，也没怎么道谢，完全是彼此彼此的样子。从这一点，可以分明地看出在同阶级人之间，是如何互相帮助了。某位中国通曾经说过，日本人和中国人的不同之处是：在日本即使不小心把钱哗啦哗啦撒了一地，失主可以将原款一分不少地收回来；但在中国，收回的钱，就肯定没有原先的多。这也可以说是事实，但这种时候，丢钱的人肯定不是劳动人民这类人，而且必定只限于看上去像是有钱有势的人（不论是日本人还是西洋人，所有的外国人，在他们眼中，都是有钱有势的人，虽然有时候也有例外）。假设现在有个没手没脚的叫花子，头上系了绳子，拴了个篮子，自己在街上转来转去，叫喊着一些怪声儿，乞求帮助，就能得到许多铜板（中国人对乞丐乐善好施，而布施者又以没有学识的小商贩和劳动者们居多）。丢给他的铜子，要是没丢进去，落在篮子外面了，这时候肯定会有阿妈、小伙计、车夫之类的人，帮他拾起来，放在篮子里，绝不会将散落在外面的铜子占为己有。

可惜的是，前文中国通那番比较的话，是只看到了事实的一部分，而没能看到全部。

在中国，不知道为什么，股份有限公司赚不到钱。当中有很多原因，其中有这么一条：一所公司才成立，各董事就无一不将其家人、亲戚和有关系的人拉入公司，让他们都吃公司的饭。假如说只是这样，那日本也有同样的事，董事的亲戚朋友请求公司予以留用，乃至董事的家人也拿着董事公司的薪水，也不是没有的吧。看上去事情虽然一样，其实有很大的不同。日本的公司，就算允许亲戚朋友任职，也自有其任职的必要。进入公司以后，也是各司其职的。而中国不是的，只是因为是董事的亲戚朋友这种理由就进了公司，公司方面其实毫无雇用的必要，每天只是叼着烟，坐等着拿钱罢了。

完全就像白蚁蚀巢一样，结果就将公司吃倒了。

据说中国自古便是大家族主义的。也确实是。然而，又与其他国家的大家族主义有些不同。其他国家的大家族主义，都是在一个家长的统治之下，许多人合作着，以保持一家的繁荣。即大家族与小家族之差，不过在于分居若干间房还是同住一处房子罢了。而中国的大家族主义，名称虽与其他国家相同，实际上却只有家长一个人在干活，其余大多数的人都是游手好闲，无所事事的，我给它起名为"吃倒主义的大家族制度"。

这种"吃倒主义的大家族制度"，也开始吞噬起存在于股份有限公司之中的类似的大家族。还没吞噬到一定程度是看不出什么来的，不料越吃越多，没多久，就把一家大公司吃倒了。

我认为这种"吃倒主义的大家族制度"，不仅使股份有限公司无利可赚，更是导致其不得不倒闭的重大原因。

我的店里店员的伙食，每人每月出12元，由“包饭作”包办。早晨拿粥来，中午一汤六碗（一份汤，六份由鱼肉鸡蛋蔬菜等煮菜），晚上一汤八碗。由8个人的名义包下来的，而实际上却是9个店员食用。其中一个人是白吃的。此外店员吃剩了的东西，还要给一个老司务（年长的苦力头）吃，如果9个店员把饭汤之类的吃得一点都不剩，那老司务为了维护自己的权利，便雄辩滔滔地勒令“包饭作”的苦力第二天必须多送一些饭和汤来才行。后来的活，由一个以前在我店里做过又辞职的叫阿康的人，跟店员们商量后承包下来。阿康自打从我的书店辞职以后，事事不顺，自己又结婚生了孩子，失业穷困不堪，才跟店员们商量，承包下包饭的事来。

记得还向我借了些钱，作为资本。从此店里的伙食，不再委之于承揽了许多家包饭的“包饭作”，而为了帮助困于生计的人，成立了一个内山书店专门的“包饭作”。资本既得，一切准备也都就绪。眼看下个月便要开始代做了，在这时，老司务跟我说了些奇怪的话：

“老爷，下月起，我想自己做饭了，准不准我使用厨房里的瓦斯呢？”

那老司务实际上一向是吃着包饭的剩余，但却仍和别人一样，每月领取12元伙食费，也就是全部的伙食费都成了他的所得。所以，我一听到他忽然要自己做起饭来，问其原因，他说：之前一直是由大饭店包做的，多我一个人吃吃大家剩下来的东西，没有什么关系。但现在因为阿康（新的“包饭作”主），他也为生计发愁才来求帮忙的意思下，这才做成的“包饭作”，我再也不方便在里面白吃了。

我回答了两声“可以，可以”，就允许他使用厨房里的瓦斯。想想看，目不识丁的苦力头，居然有这样的想法，倒怪有趣的。

再跟股份有限公司被吃倒的事对照着看看，越发觉得有趣了。

（译自《活生生的中国》）

彻底的实际生活

中国人是如何埋头于实际生活中，又实际到什么程度，通过我写下的一两件事儿看看吧。

福州境内有一条很大的闽江流过，河上架着长长的石桥。我投宿在江岸的一家旅馆里，透过窗户可以看得见马路对面的饭店。每天早晨，卖粥的都会在饭店前面摆摊，用四五只像挑水的桶子，装满了茶色、白色等各种颜色的粥。天还没亮，摊子就已经摆出来了。附近的住家、车夫、轿夫、船夫等都是他家的顾客。桶子排排好，摊子一摆上，仿佛已经等在那儿的熟客们都围过来看。但真的只是看看而已，看了一会儿，就各自东西地分散了。这时候，附近的住家拿了各种容器，来打买热粥，都忙不过来了。忙了好一阵子之后，粥也就剩下不到一半。

一度聚过来围观又散去的车夫、轿夫、船夫等老主顾，又向桶边围过来。这回可不光是看了，而是争先恐后、拉拉扯扯、热热闹闹地喝起粥来了。这种场面，每天早上都会上演一遍。我的脑海里忽然浮现出了一个疑问：他们为什么不趁热乎喷香的时候吃呢？中国人明明都喜欢热气腾腾的东西。这可真是奇怪。起初我还以为是福州人的特性。福州这地方，有许多不裹脚的女人，很麻利地劳作着（虽然现在到处都有不裹脚的女人）。那时候，一看见不裹脚的女人是感到颇为奇怪的。因为有这种奇怪的事实，所以想着福州人或许是不太喜欢吃热的东西吧，但说起来也不是，他们喝茶还有吃别的东西的时候，还是嘴里一边呼呼地吹着热气腾腾的东西一边吃的。

那他们为什么不趁热吃粥呢？我想了很多，然而还是不行，弄不明白。最后只能使出我的秘密手段——亲自体验。第一步，买了一碗刚摆出摊的粥来吃，真是热腾腾的、吃了心情也热乎起来的好粥。这时候喝，卫生也没有问题。茶色的味甜，白色的一点儿味都没有，此外更没什么机关了。一切都跟我想的一样。等到车夫轿夫等常客们吵吵嚷嚷围过来买着吃的时候，我又买了一碗来吃，仔细品尝，这回可只能算是温的了。我心想，果然车夫们只不过是爱吃冷的罢了。但接下来的一瞬间，我的舌尖忽然感觉到了什么。于是，这种感觉使我的疑问迎刃而解了。

才出锅的粥，热乎、卫生，又很香，这是谁都知道的事情。然而这一批老主顾们却并没有闲暇去体会卫生呀、热呀、香呀这种奢侈的感觉。才出锅的粥，不论再怎么香再怎么卫生，但是水分实在太多。冷点儿，或是味道差点儿也没关系，稠一些的粥才经得住饿。再多说一句，也就是在一旁看着，还是作为客人去买，都是以粥的稀稠来决定的。

在人世间，喝一碗粥，还非得考虑它的稀稠不可（即使是本能地），恐怕也就只有中国人了吧。我觉得与其说中国人过着彻头彻尾的实际生活，倒不如说这实在太惨了。

平日在我的店铺前，有把大饼、烧饼、粽子、方糖糕、油条等作为点心以卖给车夫们吃的小贩来来往往。看着车夫们花三个铜板买一块这样的点心，精心挑选的情形，不禁为之黯然。相同的往事……

有一个卖发芽豆（将蚕豆泡在水里，长出了一点芽再拿去炒，就跟日本的爆花豆一样）的煎豆贩子来了。一个女人出来问豆子怎么卖。豆贩拿出一个竹筒给她看，说一个铜板一筒。那女人说，不是，我问的是一个铜板能买几粒。豆贩回答，一个铜板20粒。然后就开始讨价还价了。一边说25粒，一边说不成，我这儿都是上好的豆子；一边又说哪有的事，这豆子太小了。足足谈判了10分钟15分钟的样子，才讲妥了22粒。那女人大声吆喝，让家人送出旧报纸来，然后把豆贩的一大口袋豆子哗啦哗啦地全都倒了出来，从堆成山一样的豆子里，仔仔细细地一粒一粒挑选。每22粒放成一堆，一共选出了10堆，也就是付了10个铜板。这么一来，都得花30分钟时间了。说她无聊也真无聊，但如果不买自己所选的粒粒又大又没被虫咬过的好豆子，就觉得是吃了亏。

卖茄子的来了。阿妈（中国的女佣）走了出来，翻来覆去地将茄子看了一阵，才问价钱多少。讨价还价了好一会儿，才讲妥了。讲妥了之后才选东西。小贩将选好了的茄子捆上绳索，称称分量，说是合多少钱。阿妈提了提，说不对，这分量没那么重。卖茄子的再把茄子放在秤上，叫阿妈看清楚秤星打到哪里。可是阿妈仍旧不答应，从家里拿出自己的秤来，试称了一下，还真如阿妈所说，分量不够。“你看这不是轻吗？”“没有的事，阿妈的秤是几两一斤的呀？”仔细一看，原来是十八两一斤的。卖茄子用的是十四两四钱作一斤，就争辩说，卖水果卖菜的都规定只能用这种秤。但阿妈无论如何还是不服。临了儿，又多拿了两个茄子，带进门去，才付了钱，这笔买卖算是告了一个段落。

在度量衡不统一的中国，仅凭卖家的秤买家是不能认同的，买家手中也一定带有一杆秤。而且买家的秤码儿一定大，卖家的秤码儿一定小。

因此，不免有人会一副不屑的样子，冷笑中国是一团乌烟瘴气的吧。

但是，看看近来日本的情况，点心砂糖之类的一斤必须标明“百目”，装一磅的瓶身上，非印上“正百味20目入”（译注：“内净含量20目”之意，“目”为日本计量单位）这样的文字不可了。岂不是生活也渐渐实际起来了吗？

（译自《活生生的中国》）

钟声

有一年正月，我在照例解放的三天，到杭州去逍遥作乐。

有一天租了一艘小船，享受着不像是正月的温暖的阳光，游玩放鹤亭、平湖秋月、孤山公园、湖心亭、三潭印月等地。午后三点左右，前往有名的南屏山净慈寺参拜。被从从古木所包围的古刹，正在重新修建。和尚十分懂得生意经，我听他引路前往参观寺庙创建时有名的运木古井。借着烛光，见到了井中央那没锯完的大树，喝声“好、好”，投了五个铜板，就出门了。看见门前路旁的石碑上，清晰地刻着“南屏晚钟”几个字，心想着这座寺庙的钟也是有名的西湖八景之一，不知不觉间，就向山上爬去了。这里曾经因为白蛇娘娘的故事和高耸入云的巨人似的雷峰塔，吸引过无数游客；自从巨塔倒塌之后，钟声回荡，倍感寂寞，真变成清幽的境地了。然而从这座山上瞭望西湖又别有一番趣味。我不经意感叹着“好景致，好景致”，躺在草地上，呼吸着虽是正月却连一点儿微风都没有的温和的空气，眺望着高空中悬挂着的白月。

突然间，传来一声钟响，“当——”，又一声，“当——”，余音在我耳间回荡，人像被吸进去了似的。啊，妙音哪，这就是南屏晚钟了。我感觉这声音不是人撞击出来的，只想着是钟在这种环境下自己响起来的。天与地，人心与钟声，完美地融合在一起。我只是恍惚入神地聆听，不禁想起了三井寺的晚钟。那已经是

钟声

二十多年前的秋天日暮时分的事了。从比睿山（**译注：日本名山，可以俯眺京都和琵琶湖**）回来，在将近日暮时分时参拜三井寺。也不知是谁撞的，琵琶湖的湖面上，传来一阵豪壮的“咚——咣——咣——咣——咣——”的钟声。我不禁哆嗦起来。因为在这豪壮的声音之中，我觉得有一种不可明说的凄惨之感。现在同样还是我，躺在夕照山的落日里，听着西湖南屏的晚钟。听三井寺晚钟发抖的我，听着南屏晚钟却恍惚入神了。哎呀，这是为什么呢？一个是“咚——咣——咣——咣——咣——”，一个却是“当——当——”的。前者的声音一张一弛地响着，成了忧伤阴沉的钟声。后者则只是向外扩散，扩散开了去，而不收回，就渐渐消散了。前者的音色中带着一种哀伤的味道，不觉让人心生一种万物无常之感。

首先，钟的形状就不同。日本所有的钟口都略向内缩而稍厚，相反，中国的钟口却都是像风铃那样，向外开的，而且比其他地方薄。日本的钟楼结构都很堂皇，而且钟是高高地吊起，撞木也很粗很长，而中国的钟多在山门或佛堂的一角，用细细的圆木搭了个台子，吊得非常低。撞木也像玩具似的，很小。与其说是能使钟声产生波形的撞，倒不如说是敲呢。

因为这种种条件，钟的音色就分为两样了。但实际上还有一种眼睛看不见的影响在作怪，才是使声音不同的重要原因吧。不管怎么样，寺的钟声，应该像三井寺的好呢，还是像净慈寺的好呢？回到住处，吃完晚饭，钟声仍然无法从我的脑海中散去。

随后，我走马灯似的东走西看。试着将在各地所看到的中国寺庙里佛像的脸对比思考了一番，没有一张脸看了让人觉得可怕恐怖。孩子们进了五百罗汉堂里仍旧可以笑嘻嘻地玩耍。踩着小鬼站立的钟馗的画像，也始终没有什么鬼气逼人的地方。哼哈二将也好，四大天王也罢，既不恐怖，也不可怕，总觉得少了点儿什么。注目凝视一会儿，就忍不住哈哈大笑，总觉得大气得很，不能让人真正感到一种压迫、肃正之感，也可以说令人感受不到那种不苟言笑。与此同时，日本的佛像，却充分地表现出其不苟言笑的样子，不由得令人觉得还是后者更胜一筹。这里所谓的“不苟言笑”，原本是必然含有一种可怕的意思的，因此日本所有的佛像，多是可怕恐怖的。而且站在他们面前，就有一种战栗的感觉。岂止佛像和艺术品之类是这样呢，日本人的脸和身体上也凛然体现着这一种“不苟言笑”。在上海这种各国人可以一目了然的地方，可以清楚地意识到的，也不妨说就是中国人和日本人的相互长短优劣之处了。

话题再转回到佛像上来。佛教本来是以圆满具足为真谛的，从圆满具足的本质方面看，与豪壮呀、凄惨呀、恐怖呀这类事物究竟相不相称呢？以外行的思维来看，似乎觉得无论如何都是极其不相称的。因此佛像的面容，不应该如此，而应该非常静穆，也就是圆满具足者的为好。

见了日本的佛像，便想到其豪壮、凄惨、恐怖，毕竟也是由那种“不苟言笑”生出来的。恐怕多半是佛像雕塑家在创作时，用刀过分投入，所以不知不觉中，竟然将圆满具足的佛像本质忘了的缘故吧。

钟声也是同样的道理，才会在不知不觉中，击出那可怕阴沉的音色来了的吧？说何首乌是长生不老之药，就专吃起何首乌来；说豆腐滋养，就专吃豆腐；大蒜可以增长精力，就专吃大蒜。甚至，恨不得把它们囫囵一下吞进去。总而言之，我们对一件事过于热衷，而忘了综合才是好的，这种共同的特质，也很难保证说我们绝对没有吧。

鄙人不才，在艺术和宗教上插起嘴来，实在是显得荒谬。还请看作是跑偏题的漫谈，而加以宽恕吧。

（译自《活生生的中国》）

赌博的概念

古人的话真有道理。十里不同风，百里不同俗，在日本内地这句话诚然是大家都赞同的，而一到上海之后，越发可以理解这句话的意思，更佩服这话说得太贴切了。简单来说，日本人所说的东洋和东洋人，指的是日本人、朝鲜人、中国人、印度人，以及其他位于亚洲东部的国家及其人民。然而中国人所说的东洋和东洋人的意义则大不相同。东洋指的只是日本这一个国家，所以东洋人就是日本人。

顺便再写几句，“日本”这两个字，难道不是与“日出国”

一起，最初原本同为中国浙江省东海岸和福建省东海岸的人们所用呢？

是不是因为浙江福建一带东海岸的居民，看见每天太阳都从东方的海上升起来，于是想象着有一处土地是太阳打那升起来的，所以称其为“日本”和“日出国”呢？

现在这些地方人们的“日本”两个字的发音，虽然明明是Nippon（pon的发音虽不是那么清晰），或Yapon，但我国的人们，如果说“日本”或叫“日出国”的话，应该是指比日本更东方的地方才对。因为从日本看来，太阳升起的地方是在日本的更东方的。

闲话不多说。

日本人所说的赌博的概念，是指一切以金钱为赌注而争胜负的事。这种概念，当然是国家法律所教的。总之，如果以橘子或糖果为赌注，就不能叫赌博，只是一种消遣。

《中国旅行记》呀，《中国谈》等里面常常写到，中国是个没有法纪的国家。国家法律上，明明禁赌，对于赌博犯，也正式地定了刑罚，然而事实上，督军公署里、兵营里，甚至在警察局里，也在若无其事地赌博。再一打听，说是因为他们在任何机关，甚至警察中也赌钱，身为官员警察，却无所顾忌地赌博（最近已经没有），我这才恍然大悟，如此场景，怪不得那么说。这就是十里不同风，百里不同俗。

忘了这是在中国了。因为完全按照日本的思维方式，所以把中国当作没有法纪的国家了。但是，应该考虑一下环境一变，风俗习惯也会改变。那又是怎么改变的呢？再进一步看看好了。

中国在法律方面，是明令禁止赌博的。但这种赌博的概念，与日本的概念相差得太远了。中国人觉得橘子糖果和金钱没什么区别，甚至可以当作是一样的。消遣和赌博的不同，得由赌博决胜负双方的人来决定。

即使在以金钱为赌注而比输赢的情况下，如果参与赌博的纯粹是家人、朋友、亲戚，或者是宾客的时候，那么完全可以作为消遣来解释的。

但如果在座的人中，有一个是把赌钱作为职业，也就是所谓的“内行”赌徒混在里面的话，那才算是被法律所禁止的真正的赌博。但中华民国在革命之后，曾经一度仿照日本的办法，规定凡是赌钱的人，便作为赌博犯处刑，但因为到处行不通，就将这条法律加以修正，仅认定在公共场所以金钱为赌注的行为为赌博。但这样仍旧不方便，而又做了第三次修正，听说又和日本一样，凡是赌钱的，一律作为赌博犯处刑。但高等法院的一位法官加以解释道，法律虽然如此规定，实际上却并不是依此条文裁判的。

不论法律如何修改，一般人总依旧保持着一直以来对于赌博的概念。因此，以这种概念，唯有以人为中心，才有合理的判断。这么想，怎么样？

（译自《活生生的中国》）

洋纱

恰好在十年前，日本的洋纱商，计划着将洋纱引进中国，结果组织了庞大的宣传队，自华北南下而到了上海。

包下了先施公司的食堂，也就是东亚酒楼，请了数百名中方商人，找了全上海的妓女，举行了一个盛大的晚宴。当时还令所有的妓女，一律穿了新做的洋纱中式服装。从南京路开始，各大商店的橱窗里，全都陈列着洋纱。总之，宣传费花了数万元，可以说盛极一时。

当时被委任作为其总代理店的某洋行内，有我的一个朋友在。一天那位朋友来了，跟我谈到了洋纱宣传的盛况，以及将来销路有望等等。我自己以前因为曾经做过大阪一家洋纱店的伙计，所以一听到洋纱，还是感到十分亲切的。

听了朋友的话之后，我说：

“老实讲，我在报纸上一见到洋纱大肆宣传的消息，就立刻觉得这是要失败的。现在又听了你的话，很遗憾我仍然觉得这是行不通的。请容我解释。”于是，我又说了大概下面这一番话：

“在日本，一切货物总是以面向中层消费者卖得最多。因为中层消费者会买，同时下层消费者也会买，而上层消费者中的几成也会去买（下层消费者愿意买，有其自身的理由，这另当别论）。洋纱这东西，比棉布贵，比丝绸便宜，也就是面向中层消费者的物品了，所以称为在日本销售得最多的货物之一。因为能如此畅销于日本，所以想象它在中国也能畅销（虽然还有其他理由），于是才扩大宣传的吧。但我认为用不了多久，就能反映出这实在是没经过研究而得出的结果。”

中国人像日本人一样，大多可区分为上层人、中层人和下层人。还跟日本相同的是，上层最少、中层较多，下层属于大多数。但仅仅因为这样，就以为洋纱在中国能像在日本一样畅销，那还真是大错特错了。

为什么呢？大体说来，中国虽然有上层中层下层三种人，但这是就收入方面看的；从支出，也就是消费方面来看，不如分为两种更合适。也就是上层和下层。中层消费者这种情况又属于哪一种呢？极少数的可归到上层里，而大多数则属于下层。这点是和日本人大不相同的。

这样一来，中国上层消费者的衣服是丝绸，下层消费者的衣服是棉布。

所以，运了比棉布贵、比丝绸便宜的洋纱来时，我就想问了，究竟想以哪一种人为顾客呢？我说行不通的理由就在这里。就这点来说，有什么方法可以补救呢？比如能不能将洋纱的价格降到和棉布一样呢？或者能不能使洋纱做出和丝绸一样的质感呢？如果可以把以上两点任意一点改良成功，也就算了，否则肯定要失败。

此外，洋纱有易遭虫蛀的这一大弱点，也是不被中国人喜欢的重大原因之一。

我的解释，朋友好好地思考了一番，也许还有别的原因，总之洋纱最终不幸惨遭失败了。

然而有趣的是，后来日本的形押棉布大量引进到了中国。另一方面，日本的一种印染着友仙花纹（译注：友仙，是日本绉绸印染的一种格式，一般以对角线或中线为分界，半幅印有图案，半幅底色渲染，底色一般以黑白红金四色为主）的花绸也流行起来（关于这件事，应该还有其他原因）。我以为这两种布料的畅销，就是洋纱的代替品了。因为虽然比容易虫蛀的洋纱价格略微高一点点，但可以在花绸上反复染色，所以上层消费者爱用花绸。而在下层消费者之中，同样有着友仙花纹的印花棉布流行了起来。

这是自然的。分成上层和下层的中国消费生活，依然是丝绸和棉布两种，不许有中间物存在。洋纱之所以失败，正是因为当初没好好研究的缘故。

（译自《活生生的中国》）

饭店二景

现在上海的人口，据说有340万，并且上海是世界人类的展览会场。说是聚居着世界30多个国家的人，但340万人中的330万以上，其实都是中国人。其余的六七万外国人，虽说是属于30多个国家，但问问住在上海的人，有谁真的见过30多个国家的人呢？恐怕说都看见过的连一个人也没有吧。说来也是，六七万的外国人之中，日本人最多，大约三万人，英国人（印度人也算）或俄国人占第二位，依次排下去是美国人（菲律宾人也算）或者法国、德国、葡萄牙、西班牙人等。虽说就这些国家，每个国家最少数百人，但除此以外的各国，有的只有数十人、十人，甚至有十几个国家仅有一两个人。所以，跟亲眼见过似的喊着展览会展览会的话，其实只不过是那么一说罢了。要把上海居住者的收入大致分为上中下三层的话，那还是欧美人为上层，日本人为中层，中国人为下层的样子。俄国人现在恐怕和中国人的收入差不多吧。把这种大致的区别用于饭店时，就是西餐、日本料理、中餐和俄国菜了。如果问菜价哪一种最高，那得数日本料理店，其次是西餐厅（欧美人经营的），然后是中国餐馆。俄国菜和中餐是差不多的。最好看的，也就是讲究“色”的菜式，是日本料理；最好闻的，也就是讲究“香”的菜式，是西餐；最好吃的，也就是讲究“味”的菜式，是中餐。俄国的菜式，在这一点上，也是接近于中餐的。中国人和俄国人在收入和饭店的价目上是成正比的，欧美人恐怕也是成正比的吧。唯独日本人在收入方面属于中层，但饭店的菜价竟然是最高的，完全成了反比。因为我既不懂英语，也不会俄语，所以只能抛开欧美人和俄国人的事情不谈，而只就日本人和中国人来说说。下面我就来把两国料理的差异摆出来说一说，以供参考。

饭店二景

进了围着高而长的墙壁的堂堂大门，穿过广阔的种着树木的庭院，到了灯光耀眼、宫殿般的房子的玄关，穿着漂亮服饰的侍女出来为我带路。说着敬重的问候语，领我到二楼的客厅，那是贴着金宣纸的金屏风，铺着新席的大广间。抬头看，萨摩杉的四方形天花板，横梁上有巨大的匾额，是贯名海屋（译注：贯名海屋，1778—1863，日本江户后期的儒者、书法家、画家）的真迹，床的挂轴是竹田的山水，青瓷的香炉中名香袅袅，古铜的花瓶里插着一枝寒山茶。摆好了的坐垫，一挨到我们的手脚，那清脆的声音就知道是八端绸。轻便古朴的桐木手炉，镀银的茶桌上面，放着九谷烧的茶具，漆金的膳碗，有田、清水烧的盘子里装着红白的鲷鱼和金枪鱼。哎呀，实在是太美了！真是视觉盛宴呀。彻头彻尾的精美料理。这着实是日本料理店不得不日夜精益求精的地方。

车马往来都不算自由的街上，饭店一家紧挨着一家，入口的一面，两三个衣服浸满油渍的男人，靠着桌子，一边哼哼地擤着鼻涕，一边剥着虾仁。院子里一个脏兮兮的男人，嘴里高声嚷嚷着什么，进进出出的。还有两三个人，似乎是指挥他们的，一本正经地打开了账簿，涂画着蚯蚓样的文字。从厨房里飘来了一股蒙蒙的油烟，先是把客人卷进了烟雾里。一走到楼上，油乎乎的茶房的伙计，探出了一张油光满面的脸问道："先生几个人呀？"便领着客人进了屋子。虽然说是屋子，其实只是用高度足够挡住视线的油漆木板隔起来，四叠半见方的地方，放着一张桌子和几把椅子。

拿进来一块圆板架在桌上，再铺上一块红布，就变成八仙桌了。递上来的毛巾，多半已经是污浊的茶色。桌子上摆放着水果、糖果，还有西瓜子。

过了一会儿，上了四个冷盘。象牙筷子永远是茶色的。接着端出了各种炒菜、炸菜、烤菜、素菜、荤菜、汤等，在我们眼里看着美的东西是极少极少的。而且盛菜的碗碟，缺口的，碎边的，也照样摆了出来，越发让人心里不舒服了。

厨房的隔壁就是厕所，污水不分彼此地在一块流。这样的话本不应该说出来的，但中国的饭店确实毫不注意这种事。

但是，仅用眼睛看看，或者仅用鼻子闻闻香味，不能说这就能够感受到料理的本质了。不管怎么说，总得吃进嘴以后，才能说是感受到了它的本质。因此，日本料理只能供日本人赏味（除了寿喜烧之外），反而中餐却流行于世界的餐桌，而且令傲慢的欧美人都不得不抹泪绝口称赞中餐实属世界第一了。这证实了什么呢？

我自己一边写着，一边想，像这样值得深思的事太多了。还请各位不要盲目附和别人的中国论，也不要对中国加以冷笑和恶骂。先亲自品味品味，咀嚼咀嚼看看再说。

（译自《活生生的中国》）

偷与落

场所：××纱厂

时间：工人换班时

人物：A　日本监督

B　印度门卫

C　中国男工

男工C在换班的点正要回家时，私自拿了些棉花，在回去的路上被发现了。印度门卫B正在训诫他。

B：C，你从哪里拿来的棉花？不是说过不准偷东西的吗，为什么还要偷？

C：不是，我是绝对不会偷东西的。

B：放屁，你现在不是明摆着偷了东西吗？

C：没有！这不是我偷的，我不是贼。

B：那这棉花是怎么回事？

C：这棉花是从工厂带出来的。

B：你看，我说的吧！那不就是偷了公司的棉花吗？你可真会赖呀！

C：不是的，我不是偷的。我不是贼，不会偷东西。

B：混账，你简直是无赖。明明你偷了工厂的棉花，还在你身上搜了出来，你自己也承认了是从工厂拿的，还硬说什么不是偷，不是贼的。脸皮也太厚了吧，你这混账东西！

C：说我是贼，什么时候见我偷过东西？我从没偷过。我什么时候偷东西了，偷了什么，你说啊！

B：好一个嘴硬的家伙啊！

门卫终于愤怒了，啪啪地就开始打他。同时，事情也渐渐变得麻烦了起来。

C：打呀，打呀，再打，我犯了什么错你就打我！哎呀，你打我，杀了我吧！

C放声大哭大叫，那势头也真够猛烈的。一直围聚在远处等待事件解决的工人们，这时候也越来越不安，开始骚动起来了。B君见此情形，也渐渐感到状况不妙。就在这时，接到了通知的A监督赶到了现场。

A：我都说过多少遍了不要吵、不要吵，吵什么呀？

所有人都沉默了。

B：这个C又偷了棉花，回去的时候被我发现，训诫他时，明明在他身上搜了出来，他自己也承认是从工厂里带出来的，可就是硬抵赖说“没有偷、我不是贼”这样的话。

C：B不但骂我是贼，而且当我解释说我不是贼，没有偷东西时，他还非说我是贼，偷了东西，还打我。哎呀，打我吧，再打啊！只要打我就能明白我不是贼了吧。

C看那么多工人动摇的样子，想着应该是站在自己这一边的，就更加盛气凌人了，放声大哭。

B：只要他承认说他错了，以后再也不偷了，我也就放他一马了。但他一味抵赖，所以不能不惩罚他一下，这么一来，他还倒打呀杀呀地反上天来了。

A：B君，这个工人是棉厂的工人吧？

B：是的，他是纺棉工人。

A：C，你是棉厂的工人吧？

C：是的。

A：你拿的棉花是“落棉”（译注：私自扣下的棉花）吧？

C：是的，正是“落棉”。

A：这“落棉”呀，在中国的纱厂，就算是不要的棉花了，可是在日本的纱厂不是。在日本人开的工厂里，“落棉”也算是偷来的棉花。你按中国的习惯说是“落棉”，B君按日本的习惯说是偷来的棉花。C是由于不懂日本工厂的规矩，B君是因为不了解中国人的习惯。今天就特别原谅你一次，以后如果再拿“落棉”的话，就马上把你交给警察。好好儿记住了。回去吧。

A君的裁判，好像很能被中国人理解。所以全体工人们都说：“这就对啦，这就对啦，A先生真是圣明啊。C不懂日本工厂的规矩，B不了解中国的习惯，没法子。好了好了，都回去吧。”就拉着嘴里还念念有词的C一起回去了。

B却还是有些莫名其妙。

B：A先生，到底“落棉”和偷来的棉花有什么区别呢？

A：好好，我给你解释一下吧。按中国的习惯，纺棉工人可以拿走点棉花，缫丝工人可以拿走点丝线，织布工人可以拿走点布料，这就叫“落”。

也就是说，自己所担任的某项工作的材料呀、成品呀，私下里稍微拿走一点，就叫作“落”。正如日本纺织业地区京都附近，让人缫丝时，缫丝的人是“佛三匁”（译注：匁，日本重量单位，1匁约3.75克），也就是说“连佛祖都免不了偷拿三匁”。这都已经是公开的秘密了，完全不会被责难。其他事也一样，都被看作不过是和在官署或是公司上班的人，把公用的信笺信封拿来私用一样而已。

因此在中国，“落棉”也罢，“落丝”也罢，“落布”也罢，都不会被追究罪责。但如果不是这样，而是私自拿了自己所担任的某项工作之外的材料或者成品时，那就是“偷”了。偷东西的人才叫作“贼”。打发阿妈呀阿仁呀去买东西，他们吃点回扣，那叫作“落铜钱”。在上海，人们一般说的“揩油”，指的就是这件事。

B：怪——不——得——呢，这回完全明白了。

A：B君，顺便再说一句，骂是无论怎么骂都可以的，打可不成。在中国的习惯是，只要一动手，无论再怎么有道理也变成没道理了。以后千万别打，除非对方先出手了。可是对方是绝不会动手的，为什么呢？因为人家也知道一打就算输了。以后可得注意了呀。

B：明白了，以后一定会格外注意。

了解习惯，实在是非常重要的事情。

（译自《活生生的中国》）

天井

听到天井两个字，我们日本人会立刻抬头向上看，因为我们认为的“天井”一定是在上面的东西。但是我无论如何都没法把在上面的所谓“天井”，和那个被叫作“天井”的名字完全联系起来。用“天之井”的文字来表示头顶上铺的木板，不管怎么想都难以理解。有时候遇见朋友或者熟人我都会问，他们都解释说“木板大多数是井圈的形状或者是四方形，而且又在上方，所以叫天井”，除此以外也问不出什么来了。我觉得应该翻本词典来看看，就借了一部《广辞林》来查。有了有了，词典里把天井的名词的来源也都标注出来了。

词典上写着“天井（名词），是指室内上部的房顶结构，或者是为掩藏上层楼板所设的遮蔽物。我国传统的建筑都会在上面铺设木板，天井的名字是为了避讳，压制火灾而起的。”

虽然写是这么写了，可我还是没法把它们联系起来。

中国也用“天井”这两个字。那么中国的天井又是用在什么东西上的呢？原来中国所谓的天井，指的是房子的中庭。房顶是从四周往中庭方向倾斜而下葺的，形成“井”字，可以透过它看到蓝天；也有可能是因为井在上面所以称为“天井”。我还是没法把它们联系起来，但是感觉这种解释更接近了，脑子里也转起了各种念头。

前面也说了，天井是屋顶从四面向中间下来形成井字形，四个角上都装有落水管，四个角上的落水管的旁边，放了两到四个大水缸。把落水管中间切成某种形状，再插入小一点的落水管，小落水管的那一头就垂在水缸上面。一旦下雨，四面屋顶的雨水会流入四个角上的落水管里，再经过小落水管流进大水缸里。等水缸里的水满了，就把小落水管拆下来，雨水就自由地落到地上。这水缸里的水用来干什么呢，原来这实际上是最好的饮用水了——在很少有水井的浙江省东部，所有的饮用水都是雨水。在中国，把雨水作为饮用水的地方是很多的。

也就是说，因为中庭摆放着从天上接收雨水，蓄水的大水缸，所以叫作天井。简单来说，就是取上天之水的地方，所以叫作天井。

于是我恍然大悟："原来如此。"可是一缸缸蓄积的雨水里，每一缸都满是孑孓。

用水的时候，用一个桶或者勺"嗵嗵"地敲几下，孑孓就会活蹦乱跳地沉向水底去了。这时在上面舀取水就可以放心了，一般是不会有孑孓混进来的。

用日本人或西洋人的视角来看、脑子去想，无论如何都不可能认为这种生了孑孓的不干净的水是饮用水。但是中国人认为有孑孓的水缸里的水是安全的。中国人从不喝生水，只喝热水的理由，也就明白了。

为什么生了孑孓的水是安全的？这不用说，是他们在无意识中认为孑孓都能够生存的水不是有毒的水。可以说是孑孓在告诉人们“喝这个水吧”。

上海有种名药六神丸，新北门圣兴街角的雷允上是这种药的真正本家。但六神丸的类似品、仿制品、伪造品之类的，在上海也是非常多。可能是我孤陋寡闻了，我从没听说过本家的六神丸和类似品、仿制品、伪造品的六神丸有过诉讼纠纷。泰然自若，完全一副不知道有赝品存在的样子。不对，不仅是装作不知道的样子，他们反而认为会有无数赝品出现，就是本家的六神丸优秀的证明。

就像前面说的，因为水是安全的，所以才有孑孓存活，同样的，也能对无数赝品的存在放任不管，我觉得这样的度量实在令人钦佩。

但不论中国人如何大度，也有容忍不了的时候。对于对方的赝品再不采取手段就会危及自身生存的时候，这时候他们采取的方法是很有意思的。

前几年上海的英美烟草公司和新创立的大美烟草公司之间有过一场非常激烈的竞争。新创立的大美烟草公司推出了一种红屋牌商标的香烟，这是针对当时英美烟草公司老牌子的红锡包（原名Ruby Queen）的竞争。被大美烟草公司挑战的英美烟草公司，这时对于红屋牌的推出，又新推出了一种桥牌烟。我想着，还以为是红屋牌跟红锡包竞争呢，突然间新产品桥牌的出现，对红屋牌猛烈地发动逆袭。这样互争的结果，最终以大美烟草公司惨败收场。

对于这一战，我观察得很仔细，这实在是太有趣了。

后来，有个中国人生产了仿制品来跟与我有关系的大学眼药进行竞争。等到大学眼药受到了一定影响的时候，总店打算以侵害商标为由起诉对方。我却想出另一个方法，在起诉之前进行了尝试。

中国人不论是好人还是坏人，都不愿意参与诉讼。反而日本人倒是动不动就诉讼。我认为这样的心理差别，也是中国人和日本人一直无法消除心理隔阂的一大原因。

我首先对制造仿制品的某某人说：

“你制造的眼药，是大学眼药的仿制品。因此大学眼药的商标受到了侵害。我们不会放任不管，因此我方正在研究对策，以侵害商标罪起诉也是办法之一；如果不起诉，把诉讼费用在别的用途上来解决这件事，也是一种方法。所以，我们现在决定终止诉讼，采取不起诉的方法。

你之所以仿造大学眼药的产品，目的也无非是为了赚钱。既然是这样的目的，那么赚不到钱的话，也就不会再仿造了。因此我打算把用于诉讼的钱，用在让你们停止仿造这件事上，话虽然这么说，但也绝不是出钱收购你的仿制品。

由于你制造仿制品，大学眼药的商标被侵害了。照你的样子，我决定制造你的商品的仿制品，来和你的商品竞争，甚至不收钱白送都干。你究竟是停止仿造呢，还是继续仿造呢，请给个明确答复吧。”

我这样一说，对方竟然回答说会马上收手。不久以后，仿制品也确实没有再出现了，我的策略成功了。我把它叫作“二号政策”，这种方法中国自古就有，之前英美烟草公司和大美烟草公司竞争时，英美所用的也不过就是这种“二号政策”罢了。

可以说是“以毒攻毒”。

（译自《活生生的中国》）

木与竹

唯心论者说心支配物，唯物论者却说物支配心。

我认为双方都有道理，人为了自己的方便而制造了各种家具器物，但人的心，又没法拒绝使用家具器物所带来的种种影响。

我常常想，日本人的生活是直线式的，所以称日本人的生活为直线生活。中国人的生活是曲线式的，所以称中国人的生活为曲线生活。

它的特色在于直线生活缺乏通融性，相反，曲线生活则富有通融性。其中一个很大的原因，是因为与日本人日常生活密不可分的家具器物的主材料绝大部分是木材，而木材这种东西，本质上就缺乏通融性。而中国人的曲线生活也同样跟与日常生活密不可分的家具器物有关，甚至有时候连房子都是以竹子作为主材料的，而竹子这种东西本身就是富有通融性的。

比如日本一般所使用的食盒、菜盒、蒸笼、筐子等，完全是以木材制作的，这些东西的形状不是方形的就是长方形的。之所以做成方形或者长方形，是因为使用木材这种没有通融性的直线性质的东西来制作的。做成方形、长方形的话，就可以用没有通融性的木材来制作，而且非得是直线的不可。

受到所使用的家具器物等东西的影响，日本人自然就变得缺乏融通性，不得不过着方形、长方形的直线式生活了。

以同样的方法来看中国，食盒、菜篮、蒸笼、筐子等，全都是以竹子作为材料，自然形状也就是圆形或者椭圆形的。之所以能做成圆形或椭圆形，是因为用竹子这种富于通融性的材料来制作。做成圆形、椭圆形的话，就可以用富于通融性的竹子来制作，而且非得是曲线的不可。

受到所使用的家具器物等东西的影响，自然心也就变成曲线式的可通融的圆形、椭圆形，生活也变成曲线式的了。

另一方面，日本人非常有洁癖，我想也是受了这种直线式生活的影响。

比方说，方形长方形的家具器物等，边角部位不论是洗还是擦，如果不是使用细小工具而且十分仔细地做的话，是没法把污垢去除掉的。因此，“仔细”这种习惯就自然而然养成了。用牙签去剔食盒的四角，这样的洁癖，难道不是受这种影响吗？毕竟是因为家具、器物等都是方形和长方形的缘故。反之，中国那样圆形或者椭圆形的，洗洗擦擦，也都很省事。因为很省事的关系，多半就容易养成不小心和马马虎虎的习惯了。

甚至可能影响到了中国人那种马马虎虎，或者说近似于不认真的地方。什么“一点点不要紧的”，什么“模模糊糊，差不多就行了”之类。总之，日本人以木为材的直线生活和中国人以竹为材的曲线生活，只要仔细地将双方日常所使用的各种家具器物加以研究，就可以举出非常多的实证来。说到“木和竹”，我就再顺便说一件亲眼见到的事情。

在上海开往杭州的火车上向外看，经常看到有竹林的地方就一定有人居住（当然有的竹林中也混着树木，但主要的还是竹子，树木最多也就混了那么一些），而在树林里，几乎可以说是肯定的，都埋着死人的棺材。用一句话说，就是竹林里有人家，树林里有坟墓。

为什么会是这样，我虽然不明白，但再进一步想想，也许是因为竹林生长的地方是广大的平原，有大风的危险。为了减小风力，所以选择在抵抗力极强的竹林的遮蔽处建造人家。（中国竹子的韧性异常惊人。截成六尺长短，剖开成四片，把竹子的内侧向上，用来挑担，承受三十贯目的重量也没有问题。）至于树林中造坟墓我就想不明白了。所以才写出来，希望有高人指教。

（译自《活生生的中国》）

不用心必败

从大正四年（民国四年）我亲身经历的因签订《二十一条》而引发的抵制日货运动以来，直到今天的几次大运动当中，最厉害的恐怕是大正八年的抵制日货运动了。那时候甚至于流传着许多荒谬的谣言，什么日本人在市场的鱼肉蔬菜里投毒呀，甚至说在上海的自来水里也投毒，要杀死全上海的人等。只要稍微动动脑子就能明白过来的愚蠢的谣言，却和东京大地震时朝鲜人的骚乱一样，被宣传得好像真有这么回事似的。因此，家里有酱油瓶啦、酒瓶啦，还有从医生那拿来的药瓶的日本人，都被当成是投毒的人。群众不但把他们的瓶子稀里哗啦打个粉碎，还一边喊着“打啊，打啊”地把人也不分青红皂白地暴打一顿。实际有过这种遭遇的日本人总有七八十个，还有好多朝鲜人、中国人被误当成日本人，也被打了。据说甚至有一两个广东人被打死了。

那一年的秋天，我因为有事去了一趟大阪。当时有个朋友Y君，在经营化妆品分销，业务范围很广。他来看我，对我说：“请问，所谓的抵制日货是怎么一回事呀？我店里的商品以前可是卖得很好的，现在是完全卖不出去了。以后也一直都像这样卖不出去了吗？用什么办法才能挽救呢？同行的人都急得不得了，行会也协商了好多次，但都没有好法子。这次神户高商学校的老师N

先生，要去中国考察，我们已经恳请他帮我们研究一下了。”对中国出口的事绝望兴叹。

我就问他以前下了什么功夫才卖得那么好，Y君回答说：“一部分是川口和神户的中国商馆来进货，然后运到天津或者上海；另一部分是天津和上海的日本商人来跟我们订货。但是在数量上却有一年比一年少的趋势。”

我又问：“既然知道商品是运往天津和上海了，那到了津沪之后，又销往哪里去了呢？比如说四川、云南，或者是近一点的苏浙、江西，这些你知道吗？”他回答说这就一点儿也不知道了。这都不知道，那到底是哪些人在用当然就更不可能知道了。

我再接着问：“那你们同行里就没有人到天津上海等地去视察研究吗？”他回答说：“有的有的。不过名义上是视察研究，去了以后实际上也只是逛逛玩玩而已。”日本经常有什么视察团呀，什么研究团到中国去，但大都只是逛逛玩玩，就把短短的日程给玩过去了。导致这样的结果，第一是停留的天数太短。今后的视察者、研究专家们，无论如何还是得把日程定得稍微宽裕一些，否则完全没有意义。虽然说“百闻不如一见”这话是真理，但如果只是匆匆看一眼，还是什么都了解不到的吧。视察研究中国的先决条件，就是需要较长的时间。举个例子，在日本一到“誓文拂大甩卖”（译注：阴历十月二十日，日本京都地方的商人娼妓等，都会到四条京极的冠者殿参拜，为一年内赚的亏心钱赎罪。丝绸店之类的都会在当天大甩卖）。这种时候，最多也就不过三天到一周。但在上海就是三周到一个月。这种天数的差别，不就最能说明白这种情况了吗。

总之，依Y君的话来看：

（一）他们连自己的商品卖到中国什么地方去都完全不知道，当然也不会知道直接消费者所在地的风土人情了。

（二）对自己商品卖不出去的原因漫不经心，居然拜托给学校的老师，甚至只是借旅行之便调查一下。

（三）偶尔自己也去一趟，却也只是逛逛玩玩就算了事，他们在商业上的努力，也就这样了。

导致“卖不出去”这一结果的必备条件可真是全都有了，还有什么好抱怨的。不得不说像他们这样，对于自己的生意不上心到这种程度，之前还能把东西卖得出去，实在是不可思议。即使没有抵制日货这事儿，到头来应该也卖不出吧。最近，我注意到夏天日本制造的草帽，好像也卖不动了。原因肯定也是跟上面说的一样，各种失败的要素都凑齐了吧。

上海的英美烟草公司，虽然以全体中国人作为销售对象，但仍然会根据各地人的喜好，有的地方辣一些，有的地方甜一些，还有的地方香味浓烈一些。就算在烟草这种简单的小事上，也把研究的结果应用了上去。甚至连商标，也都一个地方一个样，不拘泥于一种。种种事情对比一看，不能不对我国商人的不热心感到震惊。他们把出口中国的事，根本没有看作是他们的主业，好像想都没想过。把出口中国这事，显然只当作赠品一样来看待。

我是这么回答Y君的："总之，你们如果真心想恢复出口中国的事业的话，请亲自到上海去一次。先花三个月功夫在自己商品的代理批发商那儿，再在零售小店里待三个月，下决心，注意视察，就一定能想出点好法子来了。"

但Y君说："这怎么可能办得到呢。"立刻就拒绝了。

上海的日本人之中，经常能听到有人说"赚钱了，发财了"。可是我从没见过有暴发户匿名捐三百万给上海市建所乡村医院什么的，理由么，在这一点上也就暴露出来了。

有一次，日本北海道的海带商视察团来上海，到处参观游览之后就回去了。之后听他们说，海带这东西每年从北海道运到上海那么多，但他们在上海的时候，去任何饭店、任何人家，也不见海带的踪迹。多方调查以后，结果还是不明白。我听了这话，心情就好像是看了喜剧似的悲剧一样。

多糊涂啊！严重暴露了他们比大阪的化妆品商人更不认真。

关于海带的去向，我告诉了他们一部分：

“常言道南船北马。南方水路比较发达，所以船只来往频繁。河船上全都装着日本的海带和腌制的大马哈鱼。说是装，也许用贮藏二字更加贴切。我坐船旅行的时候，就吃过用腌鱼块和海带炒的菜呢。”

“原来如此。早点儿知道就好了。”他们说完，就一笑而过了。

这群人，可真是同一类。

（译自《活生生的中国》）

福禄寿

有人说，人类的贪欲是一种孽缘，而且永无止境；也有人说，只有人心永不满足，世界才能进步，才能发展。历史告诉我们，这两句话都是真理。贪欲，无形地鞭策着我们奔向无限的未来。

人类是这样一种特别的存在：在自己面前把想要的东西创造出来，然后祈求实现。所有一切宗教的对象，都是人类自己创造出来供自己祈愿的。我认为这是人类特有的行为。

因为有了贪欲，驱使我们从无限的过去奔往未知的将来，不知不觉之间，在人类面前被创造出来、并向它祈求着的，不正是所谓的“福神”吗。

在日本，福神的代表是“七福神”，也就是惠比寿神、大黑天、布袋神、福禄寿神、昆沙门天、辩财天、寿老神七位。我们先把这些放在一边，来考察一下中国的福神。

中国福神的代表是福禄寿三人。近来又加上了一个禧神，成为福禄寿禧四人。这样一来，福神从三人变成四人，也不知道是进步呢，还是退步。我想大概从古时候起，皇帝仪仗队里开路清道的人，就高呼福禄寿禧，祈求幸福平安。而现在中国人又是喜欢偶数的，两者相结合，就在不知不觉中，产生了福神、禄神、寿神和禧神四位财神菩萨了（中国人把福禄寿称为财神菩萨）。

谈到偶数，我倒想起一件事来：有一天上海自然科学研究所的木村重先生，给我讲了关于金鱼孵化生长的事。那时他还提到："一切生物生命的发展，都是成偶数的。"那时我就在想，中国人喜欢偶数，是不是和这有关系呢。这事也许只是巧合，但实际上关于中国人为什么喜欢偶数这件事，至今也没有什么证据能证明，这只是我的直观感受而已。

中国人喜欢偶数。例如结婚、葬礼以及其他各种场合，包礼金时，日本总包是一、三、五这样的奇数，而中国习惯包二、四、八这样的偶数。说生命的发展过程是偶数，想想也觉得挺有意思的（这个习惯也不知道是不是近代才有的），财神菩萨变成四人，大概也由于上述理由造成的吧。

另外，以往的神全都是男性，近来女权风潮高涨，也出现了全都是女性的神。

但新产生的这位禧神和女权高涨都还不算普遍，所以，我还按照我的立场，只谈论福禄寿三星。

说到这三位的特长，就是三人都有五缕长须（所谓五缕，指的是鼻子下面分左右两缕，下巴上一缕羊角须，还有左右太阳穴下来的两缕，也就是络腮胡子，合起来叫作五缕长须。是圣人、伟人、英雄之类的象征。只不过同样是五缕长须，如果是圣贤之人，看上去就很稳重；像关羽、岳飞那样的英雄豪杰，胡子就是翘起来的）。再说一说各自的特征，其中一位神戴着帽子，手里抱着孩子；另一位虽然只是手拿如意，但从他的衣冠束带来看，就看得出官位显赫；最后的一位，看他纯白色的五缕长须就知道是一位老人家。

整体来看，前面也说到，在喜欢偶数的中国，创造出三人一组的神明，这倒也是挺特别的。

顺便再说几句。正月初五，中国称为“五路日”（五路财神的生日），是商人开店的吉日。大概是以自己的店为中心，希望东南西北四方的财宝都聚集起来，或者是能够聚集起来的意思吧。虽说五是一个奇数，但这是特殊情况，人们一般还是喜欢偶数的。此外，五路财神也是各有肖像的，但就普遍程度而言，还是不能和福禄寿相提并论。所以，我还是选择福禄寿三星为中国的福神的代表。这福禄寿三星，在婚礼的时候也是万万不可少的。

即使是在现在这样三民主义天下的时代，每场婚礼上也必有一组福禄寿，就是这么普遍。不光是婚礼，大到房屋的装饰，小到筷子、盘子、勺子之类的花纹，要么用肖像，要么用文字，或者用蝙蝠、鹿和桃子的图案来寓意福禄寿。同文书院的小竹教授就宣称过，中国商店所使用的店号的文字，都和福禄寿有关，可见有多普遍了。能普及到这种程度，福禄寿三位财神究竟是何方神圣？

多年来我到处求教，结果从日本人那儿打听到福禄寿是道教中的几位神明，而从中国人那儿只打听到一句“福禄寿就是福禄寿啊”。

于是我又使出绝招，达摩面壁九年而得一悟，我干吗不也对着福禄寿九年，肯定能领悟到什么。于是跑到商品陈列所去买了一套福禄寿来。结果终于领悟到一件事。深深感到达摩果然很伟大。原来：

福是子福，表示色欲；

禄是俸禄，表示食欲；

寿是长寿，表示生欲。

我得出了这样的结论。最后的“生欲”指的是生存的欲望。

要说我的这种判断究竟是不是妥当，我拿着三位神明肖像的照片跟大概一千个人解释过。不过都是赞成我的，没有一个人反对。所以，今天我敢断定这个结论确是正确的。

此外，我认为在中国，福禄寿才是最大的宗教。因为人们都对着这神像，点灯烧香，每天参拜。而作为这种宗教的对象，三人的肖像，也跟所有宗教的对象一样，是中国自身欲求的具体化。也就是为了满足色欲、食欲和生欲，才产生了福禄寿三神。而产生的福禄寿，能像今天这样普遍，也不外乎就是因为欲求之心在中国人之间相当普遍罢了。这样说来，福禄寿之类的欲求，难道不是一切生物所共有的本能吗？肯定会有人呵斥道，这才不是什么宗教的对象，而是迷信的对象，别把我们当傻子。然而，就算那是生物共有的本能也不要紧。“寿”所表示的“生欲”，也就是生存的欲望，不仅是得以生存就满足了，实际上是表示长生不老。福禄寿，是得到色欲的满足，食欲的满足之后，更希望能够长生不老。这种长生不老的欲求是很有意思的。有限的人类，却期望着无限，这就是宗教的一大要素了。不，确切地说，是因此才产生了宗教。

中国人也是人。作为人类的中国人，把从有限的生命中期望长生不老，无限地活下去的欲望具体化了。本能也好，烦恼也罢；呵斥也好，嗤笑也罢。我还是要说，福禄寿才是中国最大的活着的宗教。重复一句，福禄寿是今天四亿人中鲜活地起着作用的宗教。

（译自《活生生的中国》）

唯吃论

有人提出唯心论，有人提出唯物论，而最近又有些不知名的人提出了唯生论。那这样的话，像我这种凡夫俗子也来说上几句。虽然是自不量力，还请有识之士不要见笑才好。

说起来也不知中国是从何时开始，又由谁最早提起“福、禄、寿”三位神明，老百姓对此的信仰之深让我感到惊讶不已。但是人们在参拜时只是念叨“财神菩萨、财神菩萨”，这跟四亿人的普遍信仰差得很远呀。既然如此，可每次问他们为何把“福、禄、寿”三神当作财神呢，也没人回答得上来。虚度多年之后，我竟然自己渐渐有所领悟，实在是一件可喜可贺的事。说起“福”，是一个人抱着小孩，寓意多子多福；“禄”是达官贵人的穿着打扮，表示俸禄；“寿”则是一位垂着白色长须，手拄拐杖的老人，象征不老长寿。这样说来，也可以说“福、禄、寿”是所有四亿人渴望的幸福，是人们想要皈依的那种神明。就这样，长寿是每个人所希望的，多子多福又表达了人们希望种族繁荣的愿景。

然而这两件事的玄妙之处，在于不是人力就可左右而是上天注定的。想要不被天命完全掌控的话，不可或缺的，也是唯一的一条路，就是“吃”，实际上也就是所谓的“俸禄”。

只有俸禄，也就是“吃”这件事，对于个人和种族而言都是绝对必要的方法、手段和行为。想一想，正是因为这苦难的人世万象，才提出“唯吃论”这一说法。

不胜惶恐，我可真是个饭桶、饭桶。

（译自《上海漫语》）

看法和想法

花这种东西，因时因地不同，开出的色彩和形状也不同。但不管哪朵，都好看得很。梅花、樱花、西番莲、风信子、牡丹，都各有各的美。

对同一件事，西洋人和日本人的看法不同，思维方式也不一样，这也没什么不可思议的。

西洋人会觉得中国人的繁文缛节太多，在日本人看来，这种生活却是非常自然的。

有个西洋人在田间的道路上策马奔驰，来到一个村口，一边马不停蹄地跑着，都没有下马，一边大声问围过来的四五个村民这是不是去奉天的路，村民们却没搭理他。事后别的洋人看到村民们好像在说“这洋人可真是没礼貌”。这事被一个日本人听到了，他觉得村民们没搭理马背上的西洋人，不是因为他不礼貌，而是因为他们感官上最先看到的是马和西洋人。话虽这么说，但就算那西洋人用熟练的中文问，村民们也会因为“洋人”这个印象，认为他肯定也听不太懂中文。更何况他坐在奔驰的马上，肯定语速也快，村民就更听不懂他在说什么了。我仿佛看到了他们惊讶地瞪圆了眼睛，张大嘴巴呆呆望着西洋人远去背影的景象。而且马跑开后村民们说的话也不是说什么洋人不礼貌，而是说这洋人怎么做这么危险的事儿啊，在田间策马狂奔，进村的时候也不减速。村里有人在，还有老人孩子。在村里骑马的速度和在田间一样，真是太危险了。

之前的另一个西洋人说了，如果遇到中国人，首先，作为礼节，到了村口也得先让马减速，然后下马走到村民面前，彬彬有礼地说一句“打扰你们了”，然后再问这是不是到奉天的路。

之前那个日本人听后说，遇到中国人，到了村口把骑马的速度降下来，这不是礼仪或者礼节的问题。你在田间没想那么多，策马狂奔也就算了，村里是住家的地方，还有人在呢，还有马啊牛啊等牲口，老人们在晒太阳，孩子们在嬉戏玩耍，还这么狂奔，太危险了，所以应该减速。然后，你还得下马才对。既然问路，说明不是当地人。中国幅员辽阔，每个地方的语言也不一样。就连上海城里人和郊区的百姓（也就是农民）说的话还不一样呢。方言之间区别那么大，如果不近距离仔细听的话很容易误解。所以，更要下马近距离地问了。而且中国人也只有在特殊情况下才一边骑马一边跟人说话，一般是不会这么做的。这不是礼仪或者礼节的问题，这是自然而然的事。又或许是想着可能这个人从

1933 年鲁迅与内山完造合影

之前那个村子马不停蹄地跑了很久才到这儿，可能会想要歇一会儿，也应该下马才对啊。然后，就是彬彬有礼地“借光”这事儿了，中国人都会一开始就说，特别是北方人更是会很有礼貌地说。不知道这算不算是一种习惯上的礼貌，但还不至于说是一种正式的礼仪礼节。也不过就像日本人平时说的“那个……不好意思啊”这种话一样。

世间有千万种人，一方水土养一方人。那个西洋人所说的中国人，可能都是一群受礼仪礼节所拘束的中国人；那个被日本人拿来当作判断依据的中国人，可能只是觉得这是一种自然的言行。不过那个西洋人后来说，他来到中国一开始打交道的就是一些大官，给了他很多方便，也知道了很多关于礼仪礼节的事儿。那个日本人听了，说：“啊，原来如此，我大概明白你的情况了。”那西洋人最早打交道的都是中国的官员，而这些官员都是中国人中最讲究礼仪礼节的模范，从身份阶级到衣食住行都体现出这种讲究，说得夸张一点，这是表现在生活所有方方面面的。所以，与官员相处的人和与农民相处的人，对于同一件事的看法才会出现刚才那种不同。

那西洋人又说了，最想在中国跟不同阶级的人打交道。其实接近下层阶级的人是最容易的。只要在他们当中劳动，像他们那样过日子，可能都不会知道大官、乡绅、商人、知识阶级的存在。这样一来，那西洋人也就不会说什么所有的中国人都受礼仪礼节约束这种话了。总之，这两人的看法很有意思。我认为哪一方都不是说谎，双方说的都是真的，即使有偏差。

我们日本人对于中国人，从来也都是跟这个被官吏主导了思想的洋人似的，大多看法是一致的，然后就简单判断所有中国人都是“礼仪三百，威仪三千”的人。不过，最近好像终于有像刚才那个日本人那样的想法流露出来了。我觉得，这是件好事。

中国当官的生活和一般老百姓的生活，差距还是很明显的。

（译自《上海夜话》）

字和文字

在日本，近年来书法是一种流行。以前的私塾就是学习写字的地方。老师就是写得一手好字的人，与是否有学问无关。像上海这种有着数位书法老师的地方，也会有从日本来的书法老师过来开临时讲习会，有时候是有关书法的演讲会，请教书法是否应该弯腰写这种奇谈怪论。或者是，到底应该弯腰写，还是站直了写，还是用嘴叼着笔写，甚至还谈到因为书法是一件神圣的事，也许不应该用擦屁股的右手，而应该用左手握笔才对。但总之不应该先讨论这些，习字和写字才是书法吧。“字是人类生活的符号”，我要站在这个立场上提出漫谈式的抗议，同时，也会写下一篇漫谈。

说起来，最早的字，“山”就是山的形状，“舟”就是舟的样子，都是符号。所以字和符号之间是约定俗成的，“舟”不能表示“车”的意思，“车”也不能表示“舟”的意思。中国人所使用的字正是从这种约定俗成出发而来的，所以我才断定字是人类生活的符号。

因此，才说中国人把字使用得恰到好处。日本人没有中国人使用得好，我认为是因为没有以这个作为根本点出发去思考。我觉得中国人之间作为符号使用的字和口头上说的字是一样的，就算有区别，也很小。

一开始，字作为真正的独立个体的符号而存在，也不知道谁把字发展成文，之后就出现了“文字”一词。因此，把字作成文的学问（可能这个词是过了很久才有的）叫作文学，把搞文学的人叫作“学士”或者“文士”，这也是无人不知、无人不晓的。这些搞文学的人里，字写得好的就叫作书法家。为什么这么叫我也不清楚，但不管怎么样，书法家指的就是文人墨客里那些字写得好看的。每个书法家的风格各异，同样的文字写出来的风格却不一样。正因为如此才叫作书法，不是吗？书法不就是各人与各人之间有共通之处又各有独树一帜的风格吗？书法不就是形态各异的吗？

在中国，学者不一定是书法家，但书法离不开学问。

当然了，日本有作为学者的书法家，也有教授书法的夫子。看似是在学问之外另有所谓的书法，但仔细一看，这不过跟中国所说的“写匾额的”“写对联的”差不多，总而言之，就单只是写字而已，称不上是“文字”，就算称得上是“文字”，也绝对称不上是“书”。

在中国，写“书”的必定是学者。如果说教授书法的夫子，招牌是写字的方法，那他又会讲些什么呢……

（译自《上海夜话》）

人是不能拆分的

有人说：“人是万物之灵。”也有人说：“不，人与其他鸟兽虫鱼一样，只是生物的一种。”邻邦的中国人又说：“人就是人。”

是的，在中国人的思维里，人就是人，绝不会是鸟也不会是兽，不会是虫也不是鱼，更不会是微生物和细菌这样荒唐的东西。

西洋人自诩是文明、文化的独家经销者，他们说人是由水、蛋白质和其他什么东西所组成的。于是就有人说这是肯定不会错的，而接受了这种说法又到处传播的更是大有人在，很有意思。

人是不能拆分的

我在小学学习数学时，先生教算二乘以三等于六之后，又要将答案的六除以三等于二，才算这道乘法题没什么差错了。如果这样的算法有误，也是无可奈何的事，假如这样的算法正确无误的话，倒是想对那些总说西洋人不会错的人说：既然说人是由水、蛋白质和其他什么东西所组成的，那就这什么加上那什么，造一个人给我看看。然而只有这件事谁都不做给我看，到底是为什么？

在当今的学术领域或逻辑理论下，不曾听说谁做出过一星半点的人肉来，但人们似乎只是为了要消除那句“不，科学是办不到的”而自我陶醉着。了不起的人类还没能靠人工造出一只鸟来。不，哪怕是一只跳蚤也没造出来过。

这里需要思考的，是宇宙的法则中存在着所谓“限定”的东西。这不就是首先从现象上进行判断吗？鸟就是鸟，鱼就是鱼，兽就是兽，虫就是虫，人就是人。原来如此，中国人所说的“人就是人”就是这回事吧。

说说中国人也不能掉以轻心的事吧。孔子是伟大的，他著书立说告诉世人，看吧，儒教就是如此了不起的东西，中国人的五脏六腑中都有着儒教的灵魂。只要把这灵魂发扬光大，中国人就必定能得到幸福；老子也是伟大的，他写下《道德经》，告诉世人说，到底中国人的肚子里还是有这些东西的，只要将它们发扬光大，中国人必能得到幸福；墨子也是伟大的，他给人们讲“兼爱、非攻”的道理，告诉世人，中国人的心胸中有“爱”和“利”两块美玉。如果把这两块玉给予他人，那么天下可治，人也就自然能得到和平与幸福；其他还有近百位了不起的人物，将中国人身体各处的各个部分拿来做了解释。于是，中国人手摸胸口感慨道“有的有的，就是这个”“哇，这里的原来就是那个啊”纷纷地表示同意。然而，中国人虽然历经千年，但还是没能把这些融合成一个整体，依然只是小心翼翼地抱着这许多块部分。

每当世上有所变动，中国人的五脏六腑也有一些部分会变大或变小，也会有那么些青的红的或者黑的“玉石”争相往里钻。而中国人每次都是一边“嗯嗯”地说着，一边将所有的东西都接受了下来，却终究还是中国人；天气或是气温变化，时而急促、时而缓慢地呼吸，时而出汗、时而在寒冷中瑟瑟发抖，然而终究还是中国人。学者对中国人做了各种分析和解剖，但中国人还是中国人。

世界上产生了研究“什么是人”的学问，并冠以种种不同的学术性的名称，虽然呕心沥血地学习之后，在一定程度上确定了学术上的定义，但从表象上人并没有发生任何的变化。在中国人的思维里，人还是两只脚站立着的人。

（译自《上海夜话》）

吞噬人的人和被吞噬的人

说到上海有名的东西，其中之一就是春秋两季的大赛马。比赛的一等奖（称之为头彩）据说有十万元，因此很吸引人。如果是神佛以外的人，当然是谁都会手痒的。内地极其严格地禁止赌博性质的活动，而我们日本人却热衷于此，也许不一定是可以原谅的事情，但我想这也是很正常的事情。事实上倾囊而出，甚至于在倾家荡产之后又借钱来博取这头彩的人也不在少数。而这十万元又是分为了十张，可以说是费尽周折，或者可以说很是下了番功夫的。要想得到十万元就要买十元的券，然而这十元的券被分作了十张，变成了可以花一块钱去博取一万元。于是，从店里的小伙计到女佣人（叫作阿妈）到下人（叫作苦力）都会去买上一张的。因此，大赛马完全不受经济不景气的影响。甚至于有人特意从日本赶来参加，盛况可想而知。

即使是这样的大赛马，也会有无可奈何的时候。民国政府宣布发行一种航空奖券，十元就可以博取一等奖二十五万元（事实上，开始的两三次是五十万元，但那样实在不赚钱，而后又调整过），而且每月开一次奖。受此影响，上海知名的大赛马的人气都一落千丈，甚至有过一等奖四万元的时候。随着卢沟桥事变的爆发，二十五万元的航空奖券消失了，而大赛马又再次兴盛了起来，奖金也重回到了十万元的样子。最近又推出了一个十万元奖金的奖券。这是为救济卢沟桥事变中的难民而发行的奖券，依然是可以用一块钱来博取十万元。从一方面来看，以希望将善款用于慈善的日本人的角度来说，把救济难民当作事由，利用人的侥幸心理来收集钱款，这样的事情是无论如何不能赞成的；而从另一方面来说，即使是利用了人的侥幸心理，只要是心甘情愿付出来的钱都可以叫作善款。假使嘴上说着捐助善款云云，其实心里有过一丝惋惜，这就决不能算作是善款了。不管怎么说，对于中国人来讲，相比心不甘情不愿的善款，他们更能接受出于侥幸目的的善款。

对于这样的奖券，中国人有种有趣的说法"奖券这样的东西，买的是傻子，不买的也是傻子"，也就是说安慰性地买来放着。这实在是中国式的想法。

将骷髅放在不停说着"恭喜恭喜"的沉浸在新年氛围里的人面前时，既可以是值得庆贺的，也可以不是。我不禁想起一休的这种机辩是很中国式的。我面前两个日本青年肩搭着肩，不知何故地高声喧哗着，脚下踉踉跄跄地，沿着人行道左晃右晃地往南面去了。从对面来了个打扮得漂漂亮亮的日本女人，像是四处拜了年回来。那两个肩搭着肩的年轻人，见那女人避向右就晃到右，避向左就晃到左，终于那女人跑到对面的人行道上，落荒而走。

我看得出了神。说实话，这样的场景在上海已是许久不曾见到了。

我所知道的日本在上海的发展，如是靠这样吊儿郎当的家伙是无法赢得对中贸易的五成之多的。找理由可以有很多，但若是这样的轻浮举动能向世界夸耀的话，我也就无话可说了。再怎么宽容的眼光，在大街上这样浪荡轻浮的样子，我绝不认为是日本人中的典型。尽管如此，在上海的虹口区域（从旧英租界隔着苏州河的河北岸的方向），到处都是这样的货色。如果日本人的这种行为可以算作是良好的风俗，那可以拿去在旧英租界、法租界的大量外国人、中国人面前展示一番。若不是，就该适可而止了。实际上，在街上醉酒滋事的除了美国的水兵以外就是日本人了。从习惯上来看，日本人已经认定了喝酒就会醉，醉了就会乱性。因此，日本人对于酒后滋事是宽容的。然而，喝酒就会醉，这样的日本人的判断方式，就是错的；醉了就会乱性，这样的认定也是错的。至少可以说，这样的想法只在日本人之间是行得通的。中国人很能喝酒，但如此烂醉，在街上踉踉跄跄走的人，仅在我的生活经验中却还不曾见到过。大概在中国有过一段生活经历的人都知道，没有这样的人。也有人说，中国人在各种事情上都是“醉”着的，摇摇晃晃的，所以很危险；又或者说在家里是会相当烂醉的，然而很不幸，我真没见过这样的人。醉酒乱性不是什么决定性的东西，不会有什么大的妨碍。但如果不是日本的良好习俗的话，无论如何都是该加以制止的。我这样想的，诸君如何看？

也不是想在正月里就早早地发牢骚，二十年来第一次见此等不能称为良好习俗的“良好习俗”，想想当今中日关系下我等的立场，我需要表现得比欧美人更加有品格。此时将这等丑态示人，实在是前途上的一个大大的污点。还望三思。

（译自《上海夜话》）

白相相

最近似乎看到文字中有“白想”二字的书名。从字面上看似乎是什么都不想的意思；或许又可能是指万念俱空的意思；

又似乎可以理解为空想。

不记得是什么时候我看过一本以“白想”为题的书。书里好像是说明哪个是本源、哪个是庶支；又说在更早以前或许还有其他的本源，又有些“白想”在湖北话中的发音如何如何，在湖南话中发音如何如何，这“白想”就是中国的思想的根底，由此发展下去就成了排日，就成了抗日侮日的行动，终于酿成了今日的大事件，究其根源就在于此，等等。这到底如何我不得而知，但“白事”是指“佛事”我还是知道的。另外一个就是上海话里的“白相”了。这个词发音做“バシャン”或者“ヴエシャン”，是玩的意思。比如在街上遇到朋友，跟他打招呼说：“侬啥地方去邪（你要到哪里去）？”朋友则会回答：“白相白相去（出去玩）。”或者回答说“白相相”“白相去”，不管是哪个，都是去玩的意思。

又或者见到双手笼在长袖子里的四处闲逛的人，问他：“侬做啥事体（你在干什么）？”他会回答你“白相（玩）”或者“白相白相”，就是什么也不做，就是玩。

有时能见到两个人的对话，甲说：“侬忙来西哦（你很忙吧）？”而乙回答“呒啥事体（没什么事）”。甲于是约他“明天白相来好罢（明天来玩啊）”，若乙回答“谢谢，谢谢”的话，按照日本话来说就是谢绝或者拜谢的意思了。听说当有结婚请柬传来，姓名下写着“谢”或者“谢谢”的就意味着缺席。此时的“谢谢”也是这样的意思。

若回答说是“好好，好好”的话，多半是要去的。表示肯定会去的时候，在“好好”的下面会加上“一定来”。有趣的是，在长崎到九州一带，“来”这个词的用法很是中国式的。从京都大阪到东京，都说是“我去您家”，而在这一带则说是“我来您家”，以“好好，好好，我一定来”看这种以“来”代“去”的说法就是中国式的。

如果“白想”不是代表“空想”的新熟语，又或者没有被实际使用也没有关系。在上海与之发音相同的“白相”两字被广泛地作为日常用语在使用。然而这“白相”两字到底是什么意思？“白相”可以说是“白色的状”，若是“白色的形”这近于虚无了。也有人说是玩的意思，或许就是这样的，上海话只是单纯的语音，字是从北京话里借来的配合这两个发音的，所以可以完全无视它的意思。而在我这样的外行来看，很多地方用的都是这样没有意思的字，这“白相”等就该算是这一类的。佛事也被称为“白事”，我想应该是和佛事中处处用白色的东西有关吧，佛事和白事从发音上应该是没有什么关系吧。结婚仪式处处用红，应该可以说成是“红事”吧？“白想”是不是也能写成“红相”呢？我不得而知。这样写的也无非是“白相白相”而已。

最近上海有了白市、黑市这样的词语。实在是个宽泛的词语。按日本话说，白市就是公定行价，黑市就是地下市场。然而日本的公定行价便宜而地下市场的价格高，在上海却是正好相反，白市贵而黑市便宜。

为什么会有这样的反差，是因为日本的国策是低物价政策，而上海却是与之相反的高物价政策。所以公开的行价被抬得极其高，而地下市场的价格便宜。虽然没有更多的意义，但是能够感受到中国人用字的巧妙。与“公定行价”“地下市场”这样露骨的表现相比，“白市”“黑市”的说法要漂亮多了。从“白相白相”想到而记之。

（译自《上海风语》）

争吵要在外面

有人在明信片的边缘写过:“中国人好像做什么都很喜欢浮夸,连夫妻吵架都要跳到外头吵。”我不知道他们是不是喜欢“浮夸”,但夫妻吵架跳到外头去吵,确有其事。那岂不是成了别人模仿夫妻吵架的榜样啦。但凡吵架,父子吵架也是,兄弟吵架也是,无论是哪一种吵架都要跑到外面去吵。像日本,吵架在闹到外面之前,就会一边说着“算了算了,先进屋,在外面吵实在太不像样了”,一边把人往屋里拉,而且尽量会往里面拉,一直拉到外人看不到、也听不到的地方为止。这跟中国是完全相反的。

有一次在座谈会上提到这个问题,真的是很有意思。对于这个问题,我认为按日本人的习惯来看,被别人看到了才是主要问题,估计还是会觉得丢人,不像话,家事还是尽量避免给外人看到。

这种看法很快扩散开来,成为公认的社会评价,也是理所当然的。但中国人的做法才是更加自然的做法。根据经验,吵架双方肯定都有自己的主张,为了保证对主张的公平判断,应当尽量在更多人的面前,公平地近距离地进行判断。但也不是说仅凭这一点就明白了这个道理,而是完全无意识地凭经验来直观判断的。正因如此,跟在家里吵相比,肯定会跑到外面人多的路上去吵。再说，实际上如果关起门来在家里吵，会受到很多道理之外的各种各样的因素的影响，有道理的不一定就会赢，这也是我们不得不考虑的一点。比如说因为对方是丈夫，就算有些不讲理妻子也得听从，因为是兄长说的话，弟弟妹妹也只能答应，因为是女的就必须得道歉之类的。也就是说，可能有道理但恐怕也会被歪曲。如果跑到外面在多数人面前吵，这种情况可能稍微会好一点。就算是丈夫，或者什么男女有别，跟在家里比，出来吵总归没那么容易歪曲道理了。

（译自《上海风语》）

中国人的客气

我们日本人有个词叫“他人行仪”（译注：意为“客气”）。平时与人往来其实用“喂”“呀”之类的词就够了，但还是要另外用“诚然平日久疏问候，请问是否有何不便”这样的口吻来说。

这种态度真是太礼貌，太见外，感受不到温情和亲近呀。对于这种态度的喜恶，喜好礼仪的人很喜欢，直肠子的乡野村夫就会觉得这种态度毫无意义。但是，这也因时而异。有些人平时虽然不希望是这样的态度，但是在某些仪式类的场合还是要懂些礼貌的。先撇开对这事儿的好恶不说，不管怎么样，“他人行仪”还是让人感受不到温暖和亲切，这说法总归是没错的。

中文里有“客气”这个词，指的是一时的意气。外来客通常住不长久，好像总有一种“客人的心态”。现在通常说的“客气”“不要客气”“不客气”等，指的是一种谦让。来的客人如果态度表现得太谦让，主人就会说：“不要客气。”按字面意思就是“不要老是把自己当成客人”，实际上就是“不要客气”。“不要太讲究礼仪，坦率行事就好”的意思。

一谈到中国人，经常听到的就是说中国人讲究礼尚往来。比如我们摆了一个招待的宴席，对方很快就会再摆一个回礼的宴席来招待我们。所以有人就说如果是中国人先招待了我们，我们也一定得赶快回礼招待人家才行。

中国人是否真的是过着这么礼尚往来的生活呢？虽然不能

说中国人过的不是这种生活，但我认为这么说的人肯定一开始就是从官员那里听来的。就算是来往得很亲密的，日本官员和中国官员之间的交际也就那样儿。经常听我们这边跟他们打交道的人评价官员之间的交情是“他们的交际很客气的”。

但关系亲的中国人之间交往，是完全没有回礼的必要的，也一点儿都不用担心别人要你回礼。往来多年的真正的老朋友之间，“他人行仪”是很大的禁忌。都是“不要客气”“不客气”，别人请客之后也不用帮着收拾，东西么，买了就算了。客气是大忌。

我到现在还记得有一次鲁迅先生给了我广东的珍果——凤眼果（真名叫苹婆）。坚硬的荚，红色的斑斑点点，像是用油画笔画上去的，成熟后荚会裂成两半，中间深栗色的果实看上去就像大大的眼珠子，美得就像凤眼，因此而得名。把果实煮了，剥去栗色的皮，还有一层没有光泽的黑色的皮。再把这层皮剥开，还有一层非常薄的茶色的皮。将它翻开来还有一层有点涩涩的皮，那里面有一颗样子像是栗子一样的东西，像煮鸡蛋的蛋黄味道，那就是苹婆。在广东，好像是给天上织女的一种贡品水果。那时候刚好我有从东京带来的上好海苔，想着先生喜欢，就完全没多想地把海苔按照日本的方式放进礼盒回赠给他了。几天后，先生再来的时候突然问："老板，在日本买东西送人，对方一定会立刻回礼的吗？"我一听觉得很吃惊。脑子里瞬间浮现出收了凤眼果又给了他海苔的事。就回答他说我没有每次都这么做的习惯，但有时候有把东西放进礼盒回赠的习惯。先生听了后，说："中国人之间，关系就算不是很亲近，讲究礼仪的交际往来也不会这么做，因为这么做就表示不愿意接受这份好意。特别是老朋友之间，如果这么做会让人觉得很不舒服。"我们有收了别人的贺礼就要还礼的习惯。如果是冥礼就更是一定要还。不是说不愿意接受这份好意，但经他这么一说，我才恍然大悟。仔细想想，当事人家里已经花了那么多钱，还要再让他们还贺礼、还冥礼，我打心眼里感到十分羞愧。嘴上高唱着合乎情理笔下却排斥着说不合情理，这样的行为似乎很难让中国人接受。不管怎么说，如果理论与实践不一致，还真不能跟中国人的交往达到很亲近的程度。如果不注意这一点，也只是空谈而已。

（译自《上海风语》）

白市和黑市

“字和文字是不同的”，这是我常说的话。中国不愧是字的国度、文字的国度。字的使用也好，遣词造句也好，都是非常巧妙的。

最近，“公定行价”在日语中流行开来。就如同字面上的意思，是指公开设定的价格，或者说是政府设定的价格更合适。官厅决定了米的价格是四十钱；钉子的价格是十六钱；鸡蛋的价格是五十二钱。因为指的是这类被决定下来的价格，我认为和“公定”相比，“官定”更加贴切。

在日本，社会事业是由内务省、府厅或者市政府来操办的，那样是不对的。社会事业是由社会操办的事业。政府操办的是政府事业。

今天有个老朋友来找我，说是有事相求。我问他什么事情，他说我们想开一家棉线店，只是没有在纱厂的朋友，希望我能帮忙介绍。

好好，如果只是这样的事情，也不费什么周章，我自然为你介绍。然而我又问他，最近棉纱的价格忽高忽低的，岂不是风险很大。

朋友回答说，确是如此，最近棉纱的价格上下波动很大，很危险。然而正因为这样才有趣啊！上海的所有东西的物价，现在都有白市和黑市两种。如果是在白市买入的话，这买卖是没法做的，无论如何都是要从黑市进货才行。

也就是说，他是想和我的友人联手，从黑市买进货品。这实在是个很自私自利的想法，但这也是事实，无可奈何。

要说他口中的白市和黑市到底是什么？所谓白市，是指日本式的“公定行价”；而所谓黑市，指的是地下市场。这里也能看出中国人用字的巧妙。所谓“公定行价”以“白市”二字取代，而“地下市场”以“黑市”进行诠释。而从“公定行价”就必须明确说成“公定行价”；“地下市场”就必须明确说成“地下市场”，否则无法心安理得这点，很能看出日本的风格。

说“白市”能让人感觉到是“公定行价”，说“黑市”能让人感觉到是“地下市场”。这只是含蓄的表达方式，实在让人对这种巧妙的运用佩服得五体投地。这让我想起，事变之前曾在哪里听谁说过。

只怕蚕食，不怕鲸吞。

（译自《上海风语》）

涨价与两种生活

秀才遇到兵，有理说不清。我不懂真正的意思是什么，也没想要装懂。如果这句话里还有一些积极含义的话，就是能看得出生活中不管我们还是他们都依靠官署的一面。与我们相反，中国人惧怕官署，不像我们依赖官署。不知道是不是因为世世代代的政府力量都太弱了，自然地就有了自保的习惯，不管怎么说，这一点跟我们是完全相反的。

《大陆新报》的记者来了，向我传达了命令，要求我在经济专栏写点什么。我想了一下，是不是哪里搞错了。我只是一个做小本买卖的书店老板，根本不知道在经济专栏能写点什么。经济呀财政呀，也不是我了解的领域的事。正想逃避说这命令肯定是找错对象了的时候，也不知道是故意的还是碰巧，N部长突然出现了。呀，事已至此那就没有法子了，只能求老天保佑了。除了将我无穷尽的强大潜能发挥出来，也没有别的办法了。去年从日本的中国地区（译注：位于日本本州西端）到九州地区、朝鲜地区降雨都很少，大米歉收严重。报纸上还登了大米不足的大字报道，杂志围绕着粮食对策展开了讨论。广播里也有“节约大米”、“节食”这种说教。政府却表示不用担心，大米没有问题，一次次发表预产量，但另一方面又说为了以防万一，“无微不至”地下着一条又一条的指示来管制和指导国民生活，像是“鉴于大米有所不足，禁止食用白米，请改食糙米，七分糙米三分小麦，食粥，加入豆子一起食用，改食芋头”等。对这样的指示，民众们说着“行啊行啊”，有的按照小麦的做法把寿司米都弄成了七分糙米。连火车站的便当，也变成了糙米。也就是说，他们在等着上面每下一条指示，再来做自己的日常琐事，这好像也算是经济吧。

米涨价了，早饭就喝粥；又涨，下一顿就吃馍馍或者饽饽；再涨，价格直线上升，在只吃一顿的米饭里加点豆子，加点芋头再吃。即使如此，米的涨价也并没有停止。最后，米饭也只能做成粥来喝，再加点儿芋头、豆子和菜叶这么吃。

中国人看不到报纸，广播也没有普及。不，连官署里的人也一副不了解情况的样子。不管是大米或白面变贵了，还是油涨价了，他们都无意识地认为自己的生活完全就是这样的，默默地自然调节着自己的食物。这就是完全没有脱离原始个人经济阶段的中国人的生活。我不知道这一番话算不算是经济漫语，但我可是谨遵命令，把看到的两种生活的样子展示出来了。

（译自《上海风语》）

魔都

东京有东京的情况，长崎有长崎的情况。在相同或不同的意思层面上，上海也有上海的情况。在我的想象中，大概指的是只有在上海才能见到的情形吧。我绞尽脑汁地想，写些什么才好，写出来的东西如果不是上海特有的，而是司空见惯了的情形又该怎么办。那看上去会很傻吧。

河船沿着苏州河逆流而上，舱里的棉花堆得像座小山似的。棉花上站着两个船工，把长长的船篙使劲撑得跟拉弓一样，踏着的双脚也好像铜浇铁铸一般。当船工的脚一步一步前进时，雪白的棉絮像花一样掉落到浑浊的水里，如同天鹅般漂浮在水面上。后面紧随而来的小船上的女人和孩子捞起棉絮，笑容满面。有人说，将棉絮弄得掉进水里的船工，与捡拾的小船是一伙的，也有人说那只是偶然而已。但是，只是这样听着看着，恐怕是无法得知的，只有做的人自己知道。

说说这棉花吧，在我们的常识里棉花就是棉花，并没有什么其他含义。但在中国，棉花分为草棉和木棉两种，草棉就是我们所说的棉花，木棉被叫作木棉花。这木棉花就是字面上的意思，是木本植物上生出的棉花，主要产于中国南方的亚热带地区。日本一般称之为“パンヤ”（译注：来自葡萄牙语“panha”），皮褥子、床上的被子和枕头里填充的就是这个，颜色稍带茶色，比棉花略有光泽，手感顺滑。好像有谁解释过，说日语中的“木棉”一词，还是棉絮的时候，就写作“棉”或者“棉花”，纺成线、织成的布以后就称作木棉，所以那布才写作是“木棉”的吧。不管怎么说，棉花里有“草棉”和“木棉”这两种肯定是没错的了，因此我们的常识似乎也是要订正一下了。

两三天前，往来于杨树浦方向时，前面行驶着一辆装满棉花的卡车，货物上的两个苦力手里挥舞着粗粗的竹棒。正当我在想这是做什么的时候，从卡车的两侧及后方，七八个中国穷孩子吵吵嚷嚷地跑出来，其中竟然有人扑向卡车上的货物。苦力象征性地挥了几下粗棒，驱赶着那些孩子。孩子们总算是停止了追逐，卡车也好不容易才突出重围扬长而去。停止追逐卡车的孩子们的手上都握着一把棉花。这是掠夺，光天化日之下的掠夺。然而，没有一个人对这种行为进行评判。这究竟是为什么？因为这里是在饥荒时即便掠夺了食物也能被原谅的中国。同样的心境，在冬天即将来临时，穷孩子紧紧抓住运棉花的卡车去抢，也不会成为什么问题，特别是在最近因物价高涨以至于生活窘困的非常时期。听说只要有装着米袋的小车通过就会有穷人冲出来，冷不防地用刀子之类的划破袋子，白花花的大米唰地就流出来了。许多贫民哇哇地叫喊着争先恐后地抢夺大米，逃之夭夭。或是一个穷人追赶装着大米的卡车，将竹筒猛地插入最下面的米袋，大米如同小瀑布一般洒落出来，在路面上画出一条长长的线。车上的苦力也是睁一眼闭一眼。贫民中自然是欢呼起来，许多穷人阻断交通，只为今天一顿饭的米。哪怕是突降大雨，被淋得浑身湿透，他们也紧紧地守在路上不肯离去。我虽然没有亲眼见过，但想也知道肯定是有的。

然而，这不是上海的常态。上海虽然有时会被称作“魔都上海”，说得好像上海是只有恶人聚集的城市一样，而实际上肯定不是这样的。虽然上海是有恶人，但大多数人还是和我们一样的普通人。因此，情势大体上是一样的。找这么个“魔都”的称呼，我认为是有点夸张过头了。然而，就在今天，这样的常态被打破，竟然发生了光天化日之下的掠夺。这还只是碰巧路过，就能看到这样的掠夺，对于多少已经有些魔都化的当下来说，我反而觉得“魔都”也好、“暗黑”也好，这类的名字都有点客气了，这到底是怎么回事？不知道是不是下次根据情况，笔下又会出现“神都”“善都”等的名称来。

暂且不开玩笑了。在中国人之间能被允许的，不管是像白米、棉花这样的“一点点”的事，还是马马虎虎就能过去的事，光天化日下的掠夺绝不是一个容易解决的问题。绝不是开个玩笑、说个笑话能够混得过去的深刻的大问题。而我们现在正直接面对着这样的问题。这就是最近的上海情况。

唉！

（译自《上海风语》）

面子

鸟有鸟的历史，狗有狗的历史。作为人类，历史的存在也是理所当然的。说什么呢，鸟的历史也好、狗的历史也好，都是人想出来的东西，它们自身肯定没有想过这事，因此历史只是人类的认知。所以我说，创造历史的是人，追求未来的也是人，而人是活在当下的。每当现在向未来迈进一步，原本的现在就成了过去。

这样说来，似乎是将“现在”“过去”和“未来”进行了明确的区分，但绝对不是这样的。“现在”“过去”和“未来”绝不是完全分离的世界，只是人为了将所谓学问的智慧在头脑中灵活地转动，暂且，或者说是尝试着，将“过去”“现在”“未来”分离开来表述。在人的实际生活中，却是连一瞬间也无法分割开来看的。时间起于无限、止于无限，完全没有间断。人把从呱呱坠地起，到溘然长逝为止的时间称为“现在”，将其前后称为“过去”和“未来”。如果把它当作一个完全没有断点的完整的东西来看，不管什么时候都是“现在”。

虽然我说得好像有所顿悟、全部知晓一样，但直到有人提醒我说“你这是要变成化缘的和尚，自己掉进自己挖的坑里去啊”，这时候我才注意到，我把中国人的生活，恰恰当成这种三代不间断的东西来考虑了。人们经常说中国人这样、中国人那样，只要给足他们面子就怎样都行，这么简单想的人还真不少呢。但很遗憾，这实际上只是他们一厢情愿的想法。每次推断的错误，就是最有力的证据。确实，中国人常常会说到面子的事，时不时地也能起到预想中的效果，然而虽然说是只要给足面子就行，但还是有许多事，即使给足面子也无济于事。这就是推断的错误了。

所谓的面子也是分三六九等的，就跟“没有法子”一样，也有好坏之分，绝不是一句话就能断定的。另一方面，“面子”还分“别人的面子”和“自己的面子”。从这一点来考虑的话，面子无论有多重要，毕竟还只是从人的角度来说的，而绝不是自然的东西。因此“面子”不具有绝对性。如果不从这一点来考虑，“面子”的意思就错了。

被盛宴款待的客人，称赞高档的菜肴是“物美价廉”，那是因为主人的面子够大。其实，这都是交际上随便说说的客套话。

有罢工罢市或其他大的纠纷时，对调解人说“就看在你的面子上……”，来了结这桩事，这时候面子就是很重要的。

然而我自己想想，这面子还是很复杂，绝不是个简单的事情。前面我也曾提到过"别人的面子"和"自己的面子"之类的。在产生这样的纠纷时，就有了三个面子，也就是争执双方的和调解人的面子。不顾全这三方的面子，问题是无法解决的。而另一方面，实际的问题和面子的分量也是需要平衡的。拿杜月笙调解张公权和小报之间的问题作为例子，就可以明白了。一边是铁道部长的面子，小报虽小但也有媒体的面子，还有杜月笙这位调解人的面子。在这件事情里，小报的面子最小。也就是说对于这么小的面子，面子大的张公权必须保住自己的面子。处理这件事的杜月笙面子也很大，也不能不保他的面子，而且小报的面子也得保，那就是每个月给小报500元的补助。当然，小报也不是捕风捉影地说些坏话、诽谤中伤，他们手里也确实握有一些"爆点"，要真没有这些也就不需要调解人了。为什么这么说，对于吹牛皮是有一种叫"置之不理"的绝对武器的。而面子，并不是说仅仅靠调解人的强大力量将弱小者解决掉就行的，不能只是对自己一方有利。面子在任何时候都是相对的，必须保证互相都有面子。如果是有调解人的，还要保住调解人的面子。我们必须理解这实在是个非常麻烦的东西。

（译自《上海风语》）

笑不出来的事

二十年来，我咳嗽厉害的程度，已经都可以成为路过的人的闹钟了，相当严重。因为无论怎么咳都还是有痰，事实上我全年都在含着薄荷脑抑制病情，一回日本就会好很多。最重要的是没痰了，像煤一样的黑痰大口大口地吐出来以后已经轻松了许多，也就自然不用咳得很厉害就过去了。近年在上海生活期间停止了常年坚持的公园散步，之后就生病了，十分困扰。一年到头是大病了三回，吃了不少苦头。正因如此，我打算九月开始继续在公园散步，尽管我家离公园很近，但想着在家里怎么都吐不完的痰，果然还是去公园，在早晨新鲜的空气中才能顺利地大口吐出来吧。我深切感受到了清新空气的力量。

现在为了赶时髦而戴眼镜的人绝对是少数吧，以前可是很流行的。鼻梁高的人戴夹鼻眼镜，鼻梁低的人戴鳖甲（译注：加工后的玳瑁）框的眼镜。其中特别是戴近视眼镜的，很多人更是得意扬扬。近视眼镜的厚镜片的流行估计一开始是在模仿留洋归来的潮人们。潮人们一直都是戴这种厚镜片的眼镜的。所以，戴着厚镜片眼镜的人肯定就会被评价为潮人。海归们的红色领带啦、蓝色袜子啦，都成了一种流行。

我知道的最滑稽的流行，是中国的教会学校的女学生们，把十字架挂在脖子上，别在衣领上或者胸前。我想着估计只是在不怎么样的学校的女学生之间流行，没想到不只是女学生们，在一般女性之间也流传开来。这种潮流居然在花柳巷也风靡起来，连四马路附近的“野鸡”都会在胸前别上十字架，或者在脖子上缀着链子。

说起来，都市里之所以要有公园存在，是因为都市人是在尘土飞扬之中从早工作到晚。为了那些过着反自然生活的人们，创造出哪怕一点点的时间，让他们融入自然，呼吸自然的清风。

日本乡下的人脑子里打一开始就认为要每天在自然的公园里尽情享受，过着自然的生活。我不理解有什么必要非得专门起一个叫作“公园”的名字。

日本乡下不用公园的证据，一开始只是部分区域内有一些小的场地叫作公园，也只是这样而已。然后，几乎就放任不管了。但是，放任不管也是理所应当的。谁也不愿意自己一个人去公园接触自然空气，享受自然生活。谁也不愿意一个人去散步，就是这样。到处都是漂亮的散步道。从村子的入口到路的尽头，可以说全部都是非常好的公园。

都市里的公园就算再气派，也是加了很多人工的因素在里面，自然的风味是极少的。

再怎么看，都肯定是无法超越真正自然的田园风光的。非要把那受了大自然风光惠泽的乡村划分成一小块一小块的，又会变得怎么样呢？再怎么崇洋媚外，没个限度就会变成这种滑稽的事。

从美国舶来的麻将其实是中国的游戏，从美国舶来的海水浴的木屐是广东人的哐啷哐啷的木头鞋。先别笑话“野鸡”们的金属十字架，也得好好反省我们自己，改掉一味模仿西洋这事，也是很紧要的啊。

（译自《上海汗语》）

言行合一

中国被称作是文字的国度，想来可能是因为中国有很多字吧。最近又造出新字来了：写作“乒乓”，读作“pingpang”。这样的字想必是乒乓球竞技传入之后才被造出来的。起初在中国，“pingpang”是另外有个名字的，叫“台球”。按照“baseball”叫“野球”“permanent”叫“电烫”的改名方法，“pingpang”叫作“台球”才应该是颇为妥当的。然而“乒乓”已被使用在先，“台球”之类不过是马后炮而已。谁都知道，以前有个叫王阳明的学者所提倡的“知行合一”的伦理学说，我也有所耳闻。然而，王阳明是否按照他所提倡的理论行事，我就不得而知了。或许也有与我一样不知道的人，但不管怎么说，“知行合一”在我们国家的意思是：

（一）知和行本来就是一体的，没有知而不行的人。知而不行，只不过是不知道而已。

（二）真的知道，就必然会去做，不做的终究不是真正的知道。

如果说中国提倡孝道是因为尽孝的人少的话，这知行合一的说法恐怕中国人中的大多数也只是知而不行，而且只有不知而自行的人在到处宣扬。知行合一的人，才是有些不同寻常的。

物价飞涨，一天比一天厉害，国人已经深深感到危机的胁迫。在这儿我们把两元旧币换成如假包换的一元新币，通过禁止使用旧币，救民于危难。

在救济国民的声明的鼓动下，国民们安心地换成了货真价实的新币。而一直以来，物价更是日新月异地飞涨，不知道什么时候才是个尽头。在这儿，身为草莽的文盲只能发出悲鸣，谁和我一起来倡导“知行合一”的论理啊。唉。

（译自《上海汗语》）

鲁迅先生

上海公共租界北四川路的电车路，看着它向北伸展，成了近年来成为问题的越界筑路。靠近电车路的终点，有日本小学啦，福民医院啦，等等。福民医院的对面，有一个陈旧的，叫魏盛里的小巷堂。房子只有七幢，全部住着日本人。我借了那弄口靠右边的两幢，把它打成一所使用着。进出就用着那原来的两个石库门，小天井上全部盖了玻璃，作为采光之用；可是里面依然阴暗，几乎日中也开着电灯。在那电灯底下，有七八张沙发和椅子围着一张小桌子，那就是所谓“漫谈席”。凡有空暇的人或者疲乏了的客人，都可以坐下来，喝喝茶啦什么的，一边宽荡荡地看看书，谈谈话。

那时候，听说从北平受厦门大学之聘，去任文学的教授，再又转任广东中山大学文科主任的鲁迅先生愤慨于——政府既叫人家向鲍罗廷、加仑等那一些顾问致最敬礼，非常地礼赞俄罗斯，拼命派遣留学生到那边去，然而一方面又乱杀那些留过学回国来的青年的那种暴乱的态度，说着：“在如此不合理的政府底下是不能教育青年的，我们走。”而愤然离开中山大学，到上海来了；可是我们夫妇俩，因为一次也未曾见过面，一点也不认识先生。

此后不久，就有一个常常和二三个朋友同道，穿蓝长衫的，身材小而走着一种非常有特长的脚步，鼻下蓄着浓黑的口髭，有清澄得水晶似的眼睛的，有威严的，哪怕个子小却有一种浩大之气的人，映入了我们的眼帘。

有一天，那位先生一个人跑来，挑好了几种书，而后在沙发上坐下来，一边喝着我女人送过去的茶，一边点上烟，指着挑好了的几本书，用漂亮的日本话说：

“老板，请你把这些书送到窦乐安路景云里××号去。”

现在，那屋子的门牌我已经忘掉了；当时，我立刻就问：

“尊姓？”

一问，那位先生就说：

“叫周树人。”

“啊……你就是鲁迅先生么？久仰大名了，而且也听说是从广东到这边来了，可是因为不认识，失礼了。”

从那时候起，先生和我的关系就开始了。

从此，在执笔得疲乏了，或是看书看倦了的时候，就荡过来。把许夫人介绍给我们，是稍后的事。先生真是一位豪爽坦白的人。他一天天地和我们亲密起来，几天之间，我们心里便已没有了所谓客人的意识。那时，先生也常常被一些不清楚的客人错认做掌柜的而大笑起来。

可是他随便什么时候，总以漂亮的日本话说：

“老板，他把我当作掌柜的了。”这么告诉我们，决不不高兴什么的。

有时，一些认识先生面孔的学生什么的来了，他们不客气地望着他细声说“鲁迅！”“鲁迅！”于是他就——

“喔，又来研究我了。哦，回去吧。”说着，就拿起帽子，匆匆地出去了。

许夫人和我们，因为言语上的关系，没有多多交谈，不过和我们之间，大家心中都很了解。

不知不觉，十年的岁月过去了。

其间，先生的身边常有危险，先生却很坦然。

在国民政府下通缉令等等的时候，也一直是满不在乎，好像完全不知道那么一回事似的来来去去。

我们担心着：“先生，危险哪，暂时躲一躲怎么样？”这么一说，他就——

“不，不要紧的，如果是真的要捉，就不下通缉令啦什么的了。”

“就是说，有点讨厌，别给我开口——是那么一回事。”

他真是平平淡淡满不在乎。

可是因为夫人担着心，我们也就劝他，曾经强迫地要他避过一时难。

他和蔡元培先生、宋庆龄先生、杨杏佛先生等组织“中国人权保障同盟”的时候，在日本人之间，好像传言说那便是共产党的团体似的；那是完全错误的，实在——

是因为标榜着法权国家的国民政府当局，以太不合法的行为活葬人命，是为要矫正这种不合法而组织的团体。要之，所谓“人权同盟”是拥护人民生命权的一个团体的名称。

可是，随着这同盟的活动在表面上的得势，便显露了如国民政府的敌国之观。还不知道是故意呢，还是偶然。

正在那个时候，杨杏佛先生在这“人权同盟”本部的门前被暗杀了，那消息一传来，先生便立刻赶上汽车，飞奔到本部去。

后来，许夫人也非常担心，曾经到我的店里来，等待先生的回来。

是平安无事地回来了。把许夫人的心衷和我们的忧虑向他一说，他便说，“管它呢，就是被杀死了，也打什么紧呢？”他颇不以为然；但是，实际的情形，似乎危险非常紧迫，因此又强迫地要他避了难。

回忆是无尽的，不过小的事情现在我不说。

已经再也见不到先生了。

我桌边的椅子（先生的定席），已成了徒然引起我泪水的遗物！

鲁迅先生已于10月19日上午5时25分长眠了！

改造社社长山本先生来了三通电报，最后一通，是叫我写一篇与先生的交游记（或者是交友记呢）的预约，我打了个回电说“好”，就担任了下来。

20日和21日在万国殡仪馆瞻仰遗容的期间，有一万人光景从早到晚作着长蛇形的行列。22日的出殡，虽说是下午两点钟，可是从早晨就开始拥塞进来的群众，围绕着遗体，几乎连出殡的走道都没有的。

谁也没有下过命令，没有作过邀请，也没有预先约好，而送葬的行列，却有6 000人光景的大众，而且差不多全是青年男女和少年。旗子挽联，都是棉布的；拿花圈的也罢，拿旗子挽联的也罢，全部是送葬的人。而且，除了主治医生一个人之外，一辆自备汽车也没有，仅仅由治丧委员会租来九辆汽车（按时间计算租金）。一个僧侣也没有，一个牧师也没有，一切都由八个治丧委员办了。这些，毫无遗憾地发挥着被葬者的人格。两小时半的大行进，一丝不乱，什么事故也没有出，到完全入好穴的辰光，是上弦月开始放射清辉到礼堂上的下午六时了。

“哦，答应下来的责任。是非尽不可的。”

我这么想着，便提起钢笔，坐到了桌子面前；可是一点也写不出来。不知怎的，好像统统忘记了。

终于，一天工夫一行也没有写。心想今天算了，从明天写起来吧，便抛下了笔，洗一个澡睡了。

“但愿今天”，心里这么想着，又拿起笔，坐到了桌前，可是依然不行。一句也写不出来。

着急了之后，就想，原来山本先生是叫我写交游记（假定不是交友记）的，而所谓交游记，要写点什么才好呢？先说这事情我就一点也不明白。因为是叫交游记，那么一定是应该写一块儿游玩的事情的。譬如说，是应该写某年某月到某处去看梅花啦，某年某月玩洞庭湖啦，这等等的回忆的吧。

一个人刚这么想定，无奈真是不巧得很，那么样的风流之游或旅行，我和鲁迅先生几乎从未有过。而第一，资格先就不够，但是，既经答应了下来，如今再去回绝，无论如何是做不到的。

因此，挨骂也好，被人家笑也好，打算把我能写的东西写出来。请各位容忍我吧。

我这个家伙，实在生来就是个不风流的人，天明也罢，天黑也罢，总归在堆积着的书架当中，守着那张长五尺宽三尺的桌子，左边电话听筒，右边钢笔，是一副这么的腔调，过着365天的。先生说：

“老版（把版字当老板写的，只有先生一个人），怎么样？你这样子早晨忙起忙到晚，不歇歇工作休养休养，是要生病的呢，哈哈哈哈哈哈……”他这么笑着，我也就——

“好，好，那么，我到这边来喝一杯吧。”

说着，便骨碌地把椅子转了过来，冲着茶加入漫谈的伙伴。我问他：

“先生，昨天你去了哪里？”

先生就说：

“老版，昨天到大马路Cathay Hotel（译注：即华懋饭店，今和平饭店）去看一个英国人。

“可是，据说房间在七层楼，我就马上去搭电梯。哪晓得司机们装着不理会的脸孔，我以为也许有谁要来吧，就这么等着。可是谁也没有来，于是我就催促他说‘到七层楼’，一催，那司机的家伙便重新把我的神气从头顶到脚尖骨溜骨溜地再打量一通，于是乎说‘走出去！’”

“我终于被赶出了电梯。”

“那才怪呢！后来先生怎么呢？”

“没有办法，我便上扶梯到七层楼；于是乎碰见了要找的人，谈了两小时光景的话，回来的时候，那英国人送我到电梯上。恰巧，停下来的正是刚才的那一部电梯。

“英国人非常殷勤，所以这次没有赶出我，不，不是的，那个司机非常窘呢——哈哈哈哈哈……”

听了这些话我就想道：头发翘耸耸地养到一寸多，简直像百日鬘（译注：日本戏剧演员扮演乞丐或囚徒之类时戴在头上的一种假发。鬘，假发的意思）的形状。脸上蓬蓬的蓄着胡子。随随便便地穿着粗朴的蓝布长衫，穿着廉价的橡皮底的中国跑鞋，只有一双眼睛放射着异样的光彩。以这样子的神气跳进上海屈指可数的豪华旅馆的电梯，因而司机们没办法起来，也不是讲不过去的事。虽说是他赶出他，可是马上说错在他身上而加以责备，又奈何呢？毋宁说那窘住了的司机，倒未免觉得有点可怜，想寄他一点微微的同情起来了。

“老版，‘泰山’来了，去看看吧。听说非常有趣的呢。我同你大概是没有机会到非洲的山中去的了。不去看一点电影之类吗？”

“老版，称晓不晓得这个？这个，是广东产的，叫‘黄皮’，只有指头这么大，却确是橘子的一类。不过和金橘，味道却完全不同，有一种特别的香味。”

他说着这一类的话，常常拿珍奇的东西来给我们。心里正在想："是这样的吗？"他却又说："老版，对本国人扯的谎，是罪恶，不过从外国受到强大压迫的时候，对那压迫者扯的谎，却绝不是不道德的。"

我的神经常常被他这种意义深刻而内容非常明了的话切切地刺激着。

"现在中国的文化运动里面，有一个大的艺术运动，那就是一个黑与白的木刻。"

先生老早就注意到这木刻，他远远地从英、俄、德、法、日各国收集了许多木刻。那数目实在总达到好几百件的吧。我曾经向先生拜借来开过三四次展览会，每一次都有四五百参观者。

仿佛是1931年（？）吧。当夏季炎热的时候，上海第一次的，不，怕是全中国第一次的木刻速修讲习会，仗先生一个人的力量开成了。那时因了某种情形，连那仅是极短期间的一星期，也是突然的，所以什么准备也没有，譬如刀，也只把钢笔头的屁股磨一磨，装上钢笔杆，就这么在现成的木版上刻着。

从召集学生以至每日的口译，统统是先生一个人干的。听讲的只有13个人。那小小的发生是可惊的，它便是今日风靡全中国的木刻艺术。

先生一方面移植西洋派的木刻，另一方面又承认中国特有的古代木刻艺术中优良作品的存在，并且痛心着它的日趋灭亡；于是与郑振铎氏相商，要想保存它；其排除万难而作成的，便是那《北平笺谱》。《北平笺谱》有六卷，合计搜集有400种诗笺，仅印了200部。英、法、俄、日各国的图书馆，各寄赠了一部去；德国和意大利，他说："法西斯蒂的国里似乎用不着文化的，所以不给"，终于没有送。

《北平笺谱》之后，又计划翻印《十竹斋笺谱》，那也是和郑振铎氏协力着手的。第一卷已粗装出版；因了郑氏的离开北平，第二卷也就见不着了。

先生终于未见完成而故世了。我希望郑氏继续先生的意志，尽力务使它完成。

我一写漫谈，他便说：

"老版，你的漫谈太偏于写中国的优点了，那是不行的。那么样，不但会滋长中国人的自负的根性，还要使革命后退，所以是不行的。老版哪，我反对。"

责备我的先生，屡次，不，老是毫不顾忌地暴露中国的现实；因此，其遭到一部分人的反感，也绝不是少见的事。

然而，先生对现实暴露，并不是为了写文章；他当然不是以暴露现实为快的浅薄者，也不是为暴露而暴露的人。

在先生对现实的暴露中，贯注着默默无尽的热血。

“恰如父母对孩子的痛斥，是与热泪俱下的鞭子。”

唯有先生的暴露，才真是从伟大的爱出发出来的奔流，是给中国民族的警世名言。

不但看了下鞭子的文章，还当面看到鞭泪同下的先生的这个我，这一点是非常明白的，我明白先生的感情，只是怕会减弱他的鞭子的力量而守着缄默罢了。

我讲到中国民族富于悠久性的一点，只要稍微说了一点乐观的话，先生马上便要说：

“老版，我反对，是非常悲观的。”立刻在我头脑上压上一个烙印。

“中国的将来，如同阿拉伯的沙漠，所以我要斗争。”

他对我这么说，那实在是撕裂肺腑的沉痛之言。无际的蒙古沙漠，一阵凶似一阵地拥到那清澄之极的眼中来。面对着那沙漠衣而无衣，食而无食的一国的民族，每个人的枯枝似的手臂上，都棱棱地梗起了粗大的血管，握着最后的武器的一双空拳，在仇恨那凛然扫压过来的滚滚沙尘。凄惨的饥饿大众，历历犹在他目前。这是我们痛感的。

“老版，此番我睡了三个月，细细想过了。

“中国四万万的民众，害着一种毛病，病源就是那个马马虎虎。

“就是那随它怎么都行的不认真的态度。

“然而，弄到现在这样的不认真，其中当然是有该同情和该愤慨的距离的；

“不过，要肯定现在的不认真的生活态度却是不可能的。

“于是我又想到日本的八千万人民。

“日本人的长处，是不拘何事，对付一件事，真是照字面直解的‘拼命’来干的那一种认真的态度。

“虽然我看得很清楚，最近的倾向有点相反，然而纵令现在有这样相反的倾向也罢，而其成就到今日的事实，却是不能否定的。

“那认真是应该承认的。我把两国的人民比较了一下。中国把日本全部排斥都行，可是只有那认真却断乎排斥不得。无论有什么事，那一点是非学习不可的。

“然而，目前似乎还不是说的时机；不过这一点，无论如何是非说不可的。

“我说，等我的病好起来，大概那时机也该到了吧。

“这一点我一定要说的。”

呜呼，先生虽身与重病相抗，尚诊疗着极东两大民族的病源。

至此我没有话可说了。

果然，鲁迅先生实在是给五万万极东两大民族启示其行路的一大预言者。

附记：

本稿特应与鲁迅先生关系深切之上海的《译文》及日本的《改造》之约而执笔者。

（雨田译，原载1936年上海《译文》新二卷第三期）

中国人

眼中的内山完造

内山完造作《活中国的姿态》序

鲁　迅

这也并非自己的发见，是在内山书店里听着漫谈的时候拾来的，据说：像日本人那样的喜欢"结论"的民族，就是无论是听议论，是读书，如果得不到结论，心里总不舒服的民族，在现在的世上，好像是颇为少有的，云。

接收了这一个结论之后，就时时令人觉得很不错。例如关于中国人，也就是这样的。明治时代的支那研究的结论，似乎大抵受着英国的什么人做的《支那人气质》的影响，但到近来，却也有了面目一新的结论了。一个旅行者走进了下野的有钱的大官的书斋，看见有许多很贵的砚石，便说中国是"文雅的国度"；一个观察者到上海来一下，买几种猥亵的书和图画，再去寻寻奇怪的观览物事，便说中国是"色情的国度"。连江苏和浙江方面，大吃竹笋的事，也算作色情心理的表现的一个证据。然而广东和北京等处，因为竹少，所以并不怎么吃竹笋。倘到穷文人的家里或者寓里去，不但无所谓书斋，连砚石也不过用着两角钱一块的家伙。一看见这样的事，先前的结论就通不过去了，所以观察者也就有些窘，不得不另外摘出什么适当的结论来。于是这一回，是说支那很难懂得，支那是"谜的国度"了。

内山完造作《活中国的姿态》序

据我自己想：只要是地位，尤其是利害一不相同，则两国之间不消说，就是同国的人们之间，也不容易互相了解的。

例如罢，中国向西洋派遣过许多留学生，其中有一位先生，好像也并不怎样喜欢研究西洋，于是提出了关于中国文学的什么论文，使那边的学者大吃一惊，得了博士的学位，回来了。然而因为在外国研究得太长久，忘记了中国的事情，回国之后，就只好来教授西洋文学，他一看见本国里乞丐之多，非常诧异，慨叹道：他们为什么不去研究学问，却自甘堕落的呢？所以下等人实在是无可救药的。

不过这是极端的例子。倘使长久的生活于一地方，接触着这地方的人民，尤其是接触，感得了那精神，认真的想一想，那么对于那国度，恐怕也未必不能了解罢。

著者是二十年以上，生活于中国，到各处去旅行，接触了各阶级的人们的，所以来写这样的漫文，我以为实在是适当的人物。事实胜于雄辩，这些漫文，不是的确放着一种异彩吗？自己也常常去听漫谈，其实是负有捧场的权利和义务的，但因为已是很久的“老朋友”了，所以也想添几句坏话在这里。其一，是有多说中国的优点的倾向，这是和我的意见相反的。不过著者那一面，也自有他的意见，所以没有法子想。还有一点，是并非坏话也说不定的，就是读起那漫文来，往往颇有令人觉得“原来如此”的处所，而这令人觉得“原来如此”的处所，归根结蒂，也还是结论。幸而卷末没有明记着“第几章：结论”，所以仍不失为漫谈，总算还好的。

然而即使力说是漫谈，著者的用心，还是在将中国的一部分的真相，绍介给日本的读者的。但是，在现在，总依然是因了各种的读者，那结果也不一样罢。这是没有法子的事。据我看来，日本和中国的人们之间，是一定会有互相了解的时候的。新近的报章上，虽然又在竭力的说着“亲善”呀，“提携”呀，到得明年，也不知道又将说些什么话，但总而言之，现在却不是这时候。

倒不如看看漫文，还要有意思一点罢。

1935年3月5日记于上海

致尤炳圻

鲁 迅

日本国民性，的确很好，但最大的天惠，是未受蒙古之侵入；我们生于大陆，早营农业，遂历受游牧民族之害，历史上满是血痕，却竟支撑以至今日，其实是伟大的。但我们还要揭发自己的缺点，这是意在复兴，在改善……内山氏的书，是别一种目的，他所举种种，在未曾揭出之前，我们自己是不觉得的，所以有趣，但倘以此自足，却有害。

1936年3月4日

（原载《鲁迅全集·书信》）

（编者注：尤炳圻（1912—1984），江苏无锡人。曾在日本东京帝国研究院研究英国、日本文学。1936年将内山完造的《活生生的中国》译成中文，改名为《一个日本人的中国观》出版。）

一面

阿 累

1932年秋天，我在上海英商汽车公司当卖票的。

一面

一天中午，我赶到虹口公园去接班，天空正飞着牛毛细雨，六路车早班的最后一趟还没回来——还要等半个钟头的样子。心里想：到内山书店去吧，在那里躲一会儿雨，顺便歇歇也好。因为接连一个礼拜的夜班，每天都要在车上摇晃十一个钟头，已经使我困软得像一团棉花了。店里空荡荡没有一个顾客，只有店后面长台子旁边有两个人用日本话在谈笑。他们说得很快，听不清说些什么。有时忽然一阵大笑，像孩子一样的天真。那笑声里，仿佛带着一点“非日本”的什么东西；我向里面望了一下——阴大，暗得很，只能模糊辨出坐在南首的是一个瘦瘦的，五十上下的中国人，穿一件牙黄的长衫，嘴里咬着一枝烟嘴，跟着那火光的一亮一亮，腾起一阵一阵烟雾。我把帆布袋，夹剪，票板放在一个角落的地板上，开始翻南面一排社会科学杂书。翻了一会儿，觉得没有什么适意的，就踱到北面。门外，细雨烟似的被秋风扭着卷着，不分方向地乱飞。店里冷得像地窖一样，冷气从裤管里向上钻。忽然，我看见架上横排着一列中文的《毁灭》。《毁灭》？我记得一本什么杂志上介绍过，说是一本好书。看一下那书脊，赫然印着“鲁迅译”三个字，我便像得到了保证似的，立刻从书架上抽下一本。我先看那后记（我读鲁迅先生的书一向是这么古怪地读法），但是看完第一面就翻不开了：书没有切边。一个结实而矮的日本中年人——内山老板走了过来。

“先生这本书多少钱？”对于同情中国的内山老板，我总是带着敬爱和感激，叫先生的，虽然并没有什么根据。

他殷勤地点头，接过书翻了翻底页：“一块四。”

一杯冒着热气的茶放在我左手的桌角上了。像我，穿着一身黄卡其布的工人制服，嵌着“Conductor XX”蓝磁牌的制帽歪戴在后脑勺上，平素看惯了西装同胞的嘴脸，现在忽然受着这样的优遇，简直有点窘了起来。

我不好意思地笑一下，鞠了一个“半躬”，摸摸里衫上的袋袋——袋里只剩一块多钱，那是我和一个同住的失业工友那几天的饭费。我有些懊悔自己的莽撞了。我红了脸说：

“贵了。”

他没有注意到我的窘相，扬着眉毛，一半正经一半好像故意逗人笑似地用他那肥厚的手掌在书上拍一拍，又用粗短的手指哧啦哧啦捻那张灰绿色厚布纹纸的封面：“哪里贵？你看这纸……”厚实的纸张，清晰的字迹，相当厚的一大本书。摸在手里，有一种怪舒服的感觉。“你买一本吧，这书是很好的。”

我真踌躇起来了：饭是不能不吃的，然而书也太好了，买一本放在床头，交班回来，带着那种软绵绵的疲倦躺着看这么几十页，该多好！我摩挲着那本书，舍不得丢开，也不说买，也不说不买。内山老板大概这时看出点什么苗头，就笑着回头对里面说了一句日本话，原先和内山说话的那个老人咬着烟嘴走了出来。他的面孔是黄里带白，瘦得叫人担心，好像大病新愈的人，但是精神很好，没有一点颓唐的样子。头发约莫一寸长，原是瓦片头，显然好久没剪了，却一根一根精神抖擞地直竖着。胡须很打眼，好像浓墨写的隶体“一”字。

“你要买这本书？”他看了我一眼。那种正直而慈祥的眼光，使我立刻感到身上受了父亲的抚摩，严肃和慈爱交织着的抚摩似的。

“是的。”我低低地说。

他从架上扳下一本书来，版式纸张和《毁灭》一模一样，只是厚一点点，封面上印着两个八分体的字：《铁流》。

施高塔路（今山阴路）上的内山书店

他用竹枝似的手指递给我，小袖管紧包在腕子上：“你买这本书吧——这本比那一本好。”

他是谁？对我这样一个平日被人轻视的工人下那样诚恳的劝告？我一进门的时候本来就有点疑惑，现在更加疑惑了；虽然猜不出是谁，但自己断定：一定是一个不平常的人。

我一翻那定价：一元八角！

“先生，我买不起，我的钱不够……”我的话低得自己都听不见了，我不知道怎样才好。

我低了头，头脑里轰隆轰隆的。我不敢看他的脸。我只听见一个声音在问我：

“一块钱你有没有？一块钱！”

“有！”我抬起头，顿时恢复了勇气。

“我卖给你，两本，一块钱。”

“什么？”我很惊异地望着他：黄里带白的脸，瘦得叫人担心。头上直竖着寸把长的头发，牙黄羽纱的长衫，隶体“一”字似的胡须。左手里捏着一枝黄色烟嘴，安烟的一头已经熏黑了。这时，我忽然记起哪本杂志上一段访问记——

“哦！您，您就是？——”

我结结巴巴的，欢喜得快要跳起来了。一定是他！不会错，一定是他！那个名字在我的心里乱蹦，我向四周望了一望，可没有蹦出来。

他微笑，默认地点了点头，好像我心里想要说的，他已经统统知道了一样。

这一来不会错了，正是他！站在前进行列最前面的我们的同志，朋友，父亲和师傅！憎恶黑暗有如魔鬼，把一生的时光完全交给了我们，越老越顽强的战士！我又仔细地看他的脸——瘦！我们这位宝贵的战士的健康，差不多已完全给没有休息的艰苦工作毁坏了。他带着奖励似的微笑，指着《铁流》对我说明：“这书本来可以不要钱的，但是是曹先生的书，现在只收你一块钱本钱；我那一本，是送你的。”我费力地从里衫的袋里（公司为防止我们“揩油”，衣衫上一只袋都没有缝）掏出那块带着体温的银元，放到他的手里——他的手多瘦啊！我鼻子里陡然一阵酸，像要哭出来。我恭敬地鞠了一躬，把书塞进帆布袋，背起便走出书店的门。

这件事到现在，已经隔了四年；在这四年里，我历尽了艰苦，受尽了非人的虐待，我咬紧了牙，哼都不哼一声。就是在我被人随意辱骂、踢打……的时候，我总是昂着头。我对自己说："鲁迅先生是同我们一起的！"这样我就更加坚强起来。现在，先生是死了！我们不愿放肆地悲痛，这还不是我们放肆悲痛的时候；我们也不愿计算我们的损失，也是难于计算的；前面是一条路，先生没有走完就倒下了，我们只有踏着他的血的足印，继续前进。

在前进中，我不能自已，写下了上面的话。

1936年10月

鲁迅先生与内山书店

王宝良　述

荣　生　记

我是1922年14岁那年进内山书店的。

那时，内山书店开设在现在的四川北路魏盛里，门面是坐北朝南的，现在这座房子已经拆掉了。这是两幢石库门的房子打通了的：店堂间就是这两座房子的客堂间和天井，原来的两座大门就成了店面门。店堂间里东西北三面都是一人多高的书架，房子中间还有一排书架，中间的书架后面有一张小桌子，四面摆着一套藤制的沙发。进门是一张写字台，面向里放着，这就是柜台了。起初，内山书店店面很小，只卖一些《圣经》、赞美诗之类的书；后来才增加了一些文艺书籍，店开在弄堂里，又只卖外文书，所以生意比较清淡。平时来买书的大部分是日本人和一些西装革履的日本留学生；来了，也不过买一两本书。因此，每天的营业额最多不过二三十元。店里除内山夫人偶尔下楼来照应一下外，就只我一人负责。内山完造先生这时候还在外面做事情，星期天才在家里。

有一天，大概是我21岁的那一年的一个夏天的下午，一个顾客也没有，我和内山夫人都闲坐在那儿。这时从外面进来一个人，穿一件竹布长衫，脚上穿一双白色的橡皮底鞋子，鞋帮已经不怎么白了，头发长得很长，有一点小胡子，咬着一个竹制的烟嘴。他是从东面那个门进来的，先顺着书架一声不响地大致浏览一周，然后又返回来选书；每一本书都看得很仔细：看书的装帧，看书名，看目录，还大致看一下内容。到内山书店来买书的人，很少是这样打扮的，仅从衣着上着，不像能买得起书的人，因为当时每一本书，最少也要一两块钱呢！而这个人，一选就选了十几本，总共要50多元——这个数字已经超过内山书店一天的营业额。这引起我们对他的注意。

我把他选的书包扎好了，他当即付了钱，携着书走了，我和内山夫人都猜不透这是什么人，不知道这就是我们中国的一代伟人——鲁迅先生。

五六天以后，大概是一个星期天，这天内山先生没有出去，和内山夫人一起坐在店堂里闲话。鲁迅先生又来了。内山夫人看到他就偷偷地把前几天买书的事情告诉了内山先生。内山先生是一个很好客的人，立即上去用日语和鲁迅先生打招呼，鲁迅先生也用日语回答他的问话。经过一次谈话之后，鲁迅先生和内山先生就交了朋友。以后，每隔几天一定来一次。这时，鲁迅先生还住在东横浜路景云里。

后来，内山书店的营业扩大了，内山先生把外面的事情也辞了，专心一意地开起书店来。书店也由魏盛里迁到四川路底施高塔路（就是现在的山阴路）。从这时候开始，内山先生和鲁迅先生的过从就更密切了。鲁迅先生几乎每天都到书店里来一趟，每次来都是在下午两三点钟光景。假如不来，不是有事，就是病了，内山先生一定要到鲁迅先生家里去看他。这时候，店里的店员也增多了，我们都认识鲁迅先生，他不到店里来，我们也会向内山先生打听的。

鲁迅先生每次到书店来，都由内山先生陪着谈话。

这时候的内山书店虽比原来的稍微大一点点，布置还和原来的一样，中间的书架靠后面一点，有两把椅子，中间放着一只日本式的大火缸，这只缸在夏天也是不拿掉的。鲁迅先生每次来都坐在这里，他坐在外面的一张椅子上，面朝里坐，内山先生坐在他的对面陪着，所以从外面进来的人，只能看到鲁迅先生的背影。这时候，鲁迅先生的处境是很危险的，随时都有受到迫害的可能，他面朝里，为的是不让外面进来的人看见他。鲁迅先生到书店来，也不一定从大门进来，有时从后门，出去也往往走来时的相反方向。我们都为鲁迅先生的处境担心，为了保护鲁迅先生，在他来了之后，我和内山先生就会特别注意书店里的顾客，万一生疏的面孔多了，我们就立刻通知鲁迅先生，让他避开。

从这个时候起，鲁迅先生写好了文章，都送到内山书店来，由书店代他送出去，稿费信件送来时，也由书店代转。鲁迅先生要会客人，地点也往往在内山书店或借内山先生的家里千爱里三号（就在书店的后门口）。

鲁迅先生在上海几次避难，几乎都是托内山先生代为安排的，一次在花园庄旅社，一次在内山书店楼上，一次在四川路四马路（就是现在的福州路）口内山书店分店里。这些事情，内山先生只肯告诉我一个人，因此这些事情我是知道的。前些日子，鲁迅纪念馆的同志要我陪他们去看一看这些地方，我陪着去了，可是时过境迁，房子的样子都变了。

内山先生和鲁迅先生成了好朋友之后，常和我谈起鲁迅先生，他对鲁迅先生是非常敬仰的。内山常说，鲁迅的一支笔，像一架机关枪，十分厉害。

鲁迅先生的为人，也时常成为我们谈话的资料。关于鲁迅先生的“儿子”的事情（原注：参见许广平《欣慰的纪念》中《鲁迅和青年们》一文。）早听说过了，我们除去痛恨这些无赖之可恶以外，对于鲁迅先生的气量的宽宏，不胜惊叹。内山先生还曾表示过，不管在政治思想方面，在文学素养方面，由于和鲁迅先生的接触，都是获益很多的。

尽管我当时是一个学徒，一个书店的伙计，但是鲁迅先生对我们还是十分尊重的，有这么一件很有纪念意义的小事情，我们全家人到现在还觉得十分光荣。

我在25岁时，生了一个男孩子，我不知道该给孩子起一个什么名字好，就和内山先生商量。内山先生说，我是一个日本人，只会起日本名字，不好，我替你转请鲁迅先生吧！过了一两天，内山先生走来告诉我，名字有了，是鲁迅先生起的，叫“长树”，这两个字又是鲁迅先生自己的奶名。

这虽是一件小事，也可以看出鲁迅先生待人那种“有求必应”的精神。

以上都是二十几年前的事情，现在想起来，还是历历在目。可惜的是，一来我当时管着整个书店的业务，不能抽出很多时间来和鲁迅先生接近；二来自己年轻懵懂，文化水平认识水平都不高，也没有主动和鲁迅先生谈过话，所以没有能得到更多的教益，这就成为我终身无法弥补的憾事了。

（原载1956年第九期《文艺月报》）

上海三处内山书店

薛理勇

今年金秋，虹口区文化局利用四川北路的拆房空地举办了《百年四川北路》图片展览，这大概是上海有史以来出现的第一次以一条商业街为背景的展览会，近百幅四川北路的历史照片，配以适当的文字，使人们可以进一步了解四川北路的昨天、今天和明天。

展览中陈列了一张摄于20年代的北四川路横洪桥街景照片，在照片上可以看到，著名的“内山书店”就开在今四川北路1906弄余庆坊弄口边上；内山书店是日本友人内山完造在上海开设的书店，鲁迅先生经常出入内山书店，内山完造也多次帮助鲁迅以及其他中国文化志士，所以内山书店旧址已被列为上海市文物保护单位，但是，上海市文管会立的“内山书店旧址”纪念碑并不在“北四川路横浜桥”，而在今四川北路山阴路口。笔者还记得，虹口区政协编的《文史苑》第8期也刊登过这张照片，并希望了解内山书店历史者对此问题作出解释，可惜几年过去了，至今仍没有收到征文。

内山完造是一位日本基督教信徒，1913年（时年28岁）来上海，是日本基督教上海主日会干事，主日会教堂设在今邢家桥路溧阳路口，而北四川路一带是旅沪日侨最集中的地段，于是内山完造就租赁北四川路余庆坊弄口旁边的1908号的单开间门面开设内山书店，主要经营日文期刊和关于基督教教义方面的书籍，后来才扩展经营中文图书，鲁迅的不少著作也曾在内山书店销售。由于二三十年代的北四川路是上海文化界人士居住最集中的地方，内山又与不少中国进步文化人士结下了深厚的友谊。台湾著名藏书家叶灵凤也经常光顾内山书店，他在《关于内山完造》一文中叙述：“当年在内山书店买书，还可以挂账，这对于穷文化人真是一种莫大的方便”，作者“至今还欠了他店里一笔书账未还，这可以说是对老板最大的抱歉”。叶先生还讲：“他的内山书店，最初是开设在从前上海北四川路横浜桥一条弄堂里，卖的是杂志刊物，书籍不多。后来业务日见发达，这才搬到北四川路底，正式开起书店来，原来的旧址改作杂志部。”

除了北四川路外，内山书店在南京路还有一家分店。1941年太平洋战争爆发后日军进驻租界，原英、美等国的企事业被日军接管，内山奉命接管南京路160号的中美图书公司，于是该店就成了内山书店的分店。

日本战败后，内山回国，南京路的内山书店分店仍由中美图书公司收还，现在是体育用品商店，四川北路底的内山书店作为敌产被没收后改为中国文化服务社，解放后又改作他用。1980年，内山书店被列为市级文物保护单位，由于旧址原貌变化太大，这里只能作为“旧址”保护，并勒石书：

内山书店旧址

（1929—1949）

上海三处内山书店

此店为日本友好人士内山完造设。鲁迅先生常来店买书、会客，并一度在此避难。特勒石纪念。

上海市文物保管委员会

1981年9月立

（原载《海上旧闻》，文汇出版社，1998年6月）

内山完造

在华活动年表

1913年：

经教会推荐来到中国，担任日本参天堂驻上海推销员。

1916年：

与井上美喜子在日本结婚后，移居上海。

1917年：

在上海北四川路魏盛里开设内山书店。

1920年：

提议发起上海基督教青年会主办“夏季文化讲座”。

1923年：

中日文化人士在内山书店聚会漫谈。

1924年：

内山书店扩大经营场地面积。

1927年：

鲁迅定居上海，常到内山书店购书和谈话。

1928年：

内山书店再次扩大经营场地面积。

1929年：

内山书店搬迁到施高塔路11号（现为四川北路2048号）；

内山开办日语补习学校“日语学会”。

1930年：

3月19日开始，鲁迅避居内山书店一个多月，后于5月12日迁入拉摩斯公寓；10月4—5日，鲁迅与内山完造一起举办世界版画展览会。

1931年：

鲁迅在内山完造的帮助下，全家避居花园庄旅馆；

在内山完造推荐下，鲁迅结识一大批日本友人，如增田涉、铃木大拙等。内山胞弟内山嘉吉来沪讲授木刻技法，鲁迅亲自担任翻译。

1932年：

“一·二八”淞沪抗战爆发，鲁迅再次避居内山书店；

内山书店开始代理发行鲁迅著作。

1933年：

鲁迅安排内山完造与萧伯纳见面；

鲁迅与内山完造举办现代作家木刻画展览会和俄法书籍插画展览会 。

1934年：

鲁迅在内山书店首次会晤萧军、萧红。

1935年：

陆续在上海日文报纸发表“中国漫谈”，并在日本出版《活生生的中国》（原名《支那漫谈》），鲁迅为之作序。

1936年：

10月19日，鲁迅逝世。内山完造担任治丧委员会委员。内山书店继续发售鲁迅的著作。

1938年：

著作《上海漫语》在日本改造社出版。

1940年：

著作《上海夜话》在日本改造社出版。

1941年：

著作《上海风语》在日本改造社出版；

营救许广平。

1942年：

著作《上海霖语》在日本雄辩会讲谈社出版。

1944年：

著作《上海汗语》在上海华中铁道公司出版。

1949年：

撰写自传《花甲录》，1950年完稿，1960年在日本岩波书店出版。

1953—1955年：

致力于中日友好交往，多次访问中国。

1959年：

9月20日在北京逝世，安葬于上海万国公墓。

图书在版编目(CIP)数据

内山完造：魔都上海 / 康桥主编. —上海：上海辞书出版社，2014.7(2023.5 重印)
(亲历中国丛书)
ISBN 978-7-5326-4175-8

Ⅰ.①内… Ⅱ.①康… Ⅲ.①内山完造(1885—1959)-传记 Ⅳ.①K833.137=5

中国版本图书馆 CIP 数据核字(2014)第 103504 号

亲历中国丛书

内山完造:魔都上海

康 桥 主编

策划统筹 朱志凌　**篆　　刻** 潘方尔
责任编辑 朱志凌　**封面设计** 零贰壹肆设计工作室
文字编辑 李婉青　**版式设计** 姜　明
技术编辑 楼微雯

出版发行 上海世纪出版集团
上海辞书出版社(www.cishu.com.cn)
地　　址 上海市闵行区号景路 159 弄 B 座(邮政编码:201101)
印　　刷 浙江经纬印业股份有限公司
开　　本 787 毫米×1092 毫米　1/32
印　　张 6　插页 4
字　　数 106 000
版　　次 2014 年 7 月第 1 版　2023 年 5 月第 2 次印刷
书　　号 ISBN 978-7-5326-4175-8/K·965
定　　价 45.00 元